E.O Lubarsch

Über Deklamation und Rhythmus der französischen Verse

E.O Lubarsch

Über Deklamation und Rhythmus der französischen Verse

ISBN/EAN: 9783743334717

Hergestellt in Europa, USA, Kanada, Australien, Japan

Cover: Foto ©Thomas Meinert / pixelio.de

Manufactured and distributed by brebook publishing software (www.brebook.com)

E.O Lubarsch

Über Deklamation und Rhythmus der französischen Verse

VORWORT.

Die hier zur Veröffentlichung gelangende Broschüre E. O. Lubarsch's ist das letzte Werk ihres zu früh verstorbenen Verfassers. Durch Sonnenburg in einer von ebenso ausgedehnter Unwissenheit wie Selbstüberhebung zeugenden Schrift „Wie sind die französischen Verse zu lesen?" auf das heftigste angegriffen, glaubte Lubarsch das Hauptwerk seines Lebens, seine Verslehre, verteidigen zu müssen und schritt deshalb zur Abfassung der folgenden Zeilen. So wenig es dem Unbeteiligten notwendig erscheinen mag, dass Lubarsch gegen einen so ungefährlichen Widersacher zur Feder griff, so wenig lässt es seine nachgelassene Schrift bedauern, dass er eine solche Selbstverteidigung für nicht überflüssig erachtete. Dieselbe ist zwar ohne eine letzte Überarbeitung geblieben, und deshalb haften ihr manche Mängel an, die sicher verschwunden wären, wenn es dem Verfasser vergönnt gewesen wäre, die letzte Hand anzulegen: dennoch wird sie auch in der vorliegenden Gestalt dazu beitragen, irrige Vorstellungen zu beseitigen, die über das Lesen französischer Verse in Deutschland noch immer fortbestehen. Sie bringt auch dem Fachmann einige neue anregende Beobachtungen, und namentlich erwecken die in ihr gegebenen Mitteilungen, wie französische Dichter selbst ihre Verse lesen und gelesen wissen wollen, lebhaftes Interesse. Wie in seiner Verslehre, so lässt Lubarsch auch in seinem letzten Werkchen wissenschaftliche phonetische Kenntnisse vermissen, aber wie dort, so kommt auch hier dieser Umstand kaum zur Geltung infolge der Schärfe seiner Beobachtung und der Feinheit seines Gehörs, die ihm zwar von einem deutschen Phonetiker abgesprochen worden sind, die ihm aber nach allgemeinem Urteil nichtsdestoweniger eigneten. Auch sogenannte geschulte Ohren und lautphysiologische Studien schützen ihre Besitzer nicht immer davor, mit ihren eigenen lautlichen Beobachtungen auf den Holzweg zu geraten und von anderen richtig Erkanntes zu bekämpfen. Selbst der Phonetiker wird die folgenden Blätter nicht unbelehrt beiseite legen. Um seinen Ansprüchen entgegen zu kommen, hat sich der Herausgeber bemüht, wo es nötig schien, in kurzen Anmerkungen Lubarsch's Beobachtungen in die fachwissenschaftliche Terminologie umzusetzen.

Die vorliegende Broschüre ist von des Verfassers Hand nur bis S. 28 für den Druck fertig gestellt worden. Von da an war nur ein Konzept vorhanden, das auf Wunsch des Sterbenden von dem Herrn Gymnasial-Lehrer Dr. Krügermann in Königshütte OS. auf das gewissenhafteste kopiert und durch Ergänzung der fehlenden Zitate für die Veröffentlichung vervollständigt wurde. Ihm sei dafür der herzliche Dank der Hinterbliebenen und des Herausgebers **ausgedrückt**. Der Unterzeichnete hat bis auf die Beigabe der in Parenthese befindlichen Anmerkungen keine Änderung vorgenommen.

Für die **zahlreichen Verehrer des Verstorbenen** mögen hier einige Notizen über denselben folgen. E. O. Lubarsch, der Sohn des Sanitätsrats Samuel Lubarsch in Frankfurt a. O., wurde den 17. März 1845 zu Sonnenburg in der Neumark geboren. Durch Privatunterricht **vorbereitet, besuchte** er 1857 das Gymnasium zu Frankfurt a. O., welches er 1862 verliess, um Medizin zu studieren. Nach einem Jahre, das er mit Studien an der militärischen medizinisch-chirurgischen Akademie in Berlin verbrachte, gab er dieses Fach wieder auf, um sich, ebenfalls in Berlin, dem Studium der Mathematik und Naturwissenschaften zuzuwenden. Nachdem er 1869 die Staatsprüfung bestanden, leistete er von Ostern 1869 bis 1870 am Gymnasium zu Kolberg sein Probejahr ab. Hierauf nahm er am Gymnasium zu Pyritz eine Hilfslehrerstelle an, die er 1871 wieder niederlegte, um an einer grösseren Pensionsanstalt in Dresden als Privatlehrer zu wirken. Mit einigen Zöglingen machte er von da aus eine Reise nach Oberitalien. Zurückgekehrt übernahm er eine Hauslehrerstelle in Galatz (Rumänien) bei einem Grosskaufmann, dessen Sohn er im Deutschen unterrichtete. In dieser Zeit begann er ein lebhaftes Interesse an dem Französischen zu nehmen, das er bisher rein praktisch betrieben hatte. Die erste Frucht des neuen Studiums war die Erwerbung der facultas docendi für die Oberklassen auch in diesem Fache bei der Berliner **Prüfungs-**Kommission (Tobler). Michaelis 1875 als ord. Lehrer am

Gymnasium zu Frankfurt a. O., seit Ostern 1876 provisorisch und von Michaeli 1877 an definitiv als Oberlehrer am Gymnasium zu Königshütte OS. angestellt, widmete er seitdem seine freie Zeit fast ausschliesslich den liebgewonnenen französischen Studien, in denen er bald auch selbst schaffend auftreten sollte. Er verlor aber darum seine früheren Hauptstudienfächer (Mathematik, Physik, Zoologie und Botanik) nicht aus den Augen, wie sein 1885 erschienenes Programm „Die aus der scheinbaren Drehung des Fixsternhimmels folgenden Sätze der astronomischen Geographie. Für den Unterricht in Prima behandelt" (Programm des Gymnasiums zu Königshütte), bezeugt, das er weiter fortzusetzen beabsichtigte. Indes ist diese Arbeit nur als eine Unterbrechung seiner Thätigkeit auf dem Gebiete des Französischen zu betrachten. Zunächst fesselte ihn ein Problem der französischen Verstechnik, das am Ende des vorigen Dezenniums gewissermassen in der Luft lag und nicht zufällig in demselben Jahre 1879 ausser von Lubarsch noch von zwei anderen Gelehrten bearbeitet erschien. Durch Scoppa, Quicherat, Ackermann, Benloew, Gramont u. a. war festgestellt worden, dass auch im französischen Verse der Wortaccent nicht ohne Bedeutung ist. Als feste Accente waren die Tonsilben der Cäsur und des Versschlusses erkannt worden; man wusste ferner, das die übrigen Accente zwar frei, weder an eine bestimmte Stelle gebunden noch der Zahl nach unabänderlich fixiert, aber doch auch nicht ohne Einfluss auf den rhythmischen Wohlklang des französischen Verses seien; endlich war man im allgemeinen darüber unterrichtet, welche französischen Worte und Wortsilben Accentträger sind oder sein können. Es lag bei diesem Stadium der Erkenntnis nahe, die Fragen zu stellen: Welcher Art sind die in den einzelnen französischen Versen möglichen Accentfolgen und welche Wirkung wird durch ihre Wiederkehr oder ihren Wechsel erzielt? Diese Fragen unternahm Lubarsch zu beantworten. Ohne sich auf historische Untersuchungen einzulassen, für die er nicht hinlänglich vorbereitet war, aber mit trefflichem Gehör für den rhythmischen Gang und die akustische Wirkung der französischen Verse ausgerüstet, machte er sich daran, auf Grund rein empirischer Beobachtung, auf induktivem Wege eine Theorie des neufranzösischen Versaccentsystems oder Versrhythmus zu geben. Die Lösung dieser Aufgabe bildet den Hauptteil seiner „Französischen Verslehre" (mit neuen Entwickelungen über die theoretische Begründung französischer Rhythmik. Berlin, Weidmann, 1879. 8^0. 522 S.). In ihr liegt auch vorzugsweise der Wert dieses Werkes, das bei seinem Erscheinen durch die Neuheit seiner Ideen eine Anzahl Rezensenten **offenbar erschreckte, die** deshalb abfällig **(Stengel,** Dtsch. Ltzg. 1, 3) oder ablehnend (Bartsch, Zschr. f. nfrz. Sprache u. Litt. I, **243** ff.; Foth, Lthl. f. germ. u. rom. Phil. **1880, 183)** urteilten, keiner jedoch ohne die Bedeutung des Werkes vollständig zu verkennen, während andere (W. Förster, Litt. Zentralbl. 1880, **Nr. 3;** Lamprecht, Zschr. f. rom. Phil. IV, 424; Al. Pey, Le Mémorial diplomatique, 16. Aug. 1879; Gröber, der Unterzeichnete u. a., durch Zuschriften [wir übergehen die lobenden Rezensionen, die nicht von Fachmännern herrühren]) dem Verfasser mehr oder minder zustimmten und ihm ihren Beifall ausdrückten. In seiner Verslehre unternahm es Lubarsch auch in verdienstlicher und originaler Weise die „Theorie der (neu)französischen Strophe auf ihren Reim" zu begründen, und legte er ausserdem eine Fülle anregender und interessanter Beobachtungen von grösserer oder geringerer **Wichtigkeit** für die theoretische Erkenntnis **der** neufranzösischen Verstechnik **nieder.** Die mit Lubarsch konkurrierenden Schriften von **1879:** Becq de Fouquières' Traité de versification, der **auf einer rein phantastischen Grundlage** aufbaute, und Foth's Büchlein, das an der Ackermann'schen Einteilung des **französischen** Verses in syntaktische Einheiten festhielt und darum zu **einem rhythmischen** System nicht gelangen konnte, **trugen nur** bei, den praktischen Blick Lubarsch's und **die Richtigkeit des von ihm** eingeschlagenen Weges, so weit es sich um **die Gewinnung einer festen** Basis für Abwägung des neufranzösischen Versrhythmus **handelt, in das rechte Licht zu** stellen.

Von dem Streben beseelt, seinen Ansichten eine möglichst ausgedehnte Geltung zu verschaffen, und mit dem berechtigten **Wunsche,** auf den deutschen Schulen ein besseres Verständnis des französischen Verssystems anzubahnen, liess Lubarsch noch im gleichen Jahre wie seine **ausführliche Verslehre einen** „Abriss der französischen Verslehre. Zum Gebrauch **an** höheren Lehranstalten" (Berlin, **Weidmann, VI und 92 S.)** erscheinen, in dem er sich bemühte, die Gesamtergebnisse seiner Untersuchungen in bündiger Form vorzuführen und **sein** System schärfer und fester auszugestalten. Eine Gedichtsammlung, „deren Anordnung und Kommentar auf die künstlerische Form und den Klang der Sprache das gebührende Gewicht" legen, und die zugleich die besten Leistungen der modernen französischen Dichtung mehr als bisher für den Schulgebrauch heranziehen sollte, war bestimmt, die Ergänzung **zu diesem Abriss zu** bilden. Doch kam sie nicht zur Ausführung. Später (1886) haben die Herren Gropp und Hausknecht dem von Lubarsch mit Recht empfundenen Bedürfnis durch ihre „Auswahl französischer Gedichte" abzuhelfen unternommen und damit seine Erbschaft angetreten. Auch eine französische Übersetzung seiner Verslehre, für die sich ihm ein französisches Mitglied der ehemaligen Berliner Akademie für moderne Philologie angeboten hatte, wurde von Lubarsch 1879 geplant. Eine ausführliche Entgegnung gegen K. Bartsch's Beurteilung seiner Verslehre l. c., in der gerade seine Rhythmik Missbilligung fand, und eine eingehende **Kritik von Becq de Fouquières' Traité**, den er wegen seiner mehrfachen Übereinstimmung mit den eigenen Ansichten mit **Freuden begrüsste**, wurden von Lubarsch im selben Jahre begonnen und zum Teil auch ausgeführt, später aber aufgegeben und unvollendet gelassen. Seine Vermählung im Januar 1880 mit der Tochter eines Breslauer Rentners, Emma Hartmann; die Übernahme neuer Arbeiten und die Lasten seiner Berufsthätigkeit liessen die angeführten Projekte nicht zur Ausführung gelangen. Auch legte sich allmählich die leicht begreifliche Reizbarkeit, mit der Lubarsch die minder beifälligen Beurteilungen seiner Erstlingsarbeit anfangs aufnahm, von denen er überdies ungünstige Rückwirkungen auf seine dienstliche Beförderung befürchtete, und erschien ihm nunmehr selbst eine baldige neue Rechtfertigung seiner Rhythmik nicht mehr unbedingt nötig. Mit um so grösserem Eifer begab er sich an die Ausführung seiner Ausgabe der „Fables de La Fontaine" (Berlin, Weidmann), von der Teil I 1881, II und III 1882, Teil IV 1883 erschien, und die zu den besten Schulausgaben der Weidmann'schen Sammlung gehört. Lubarsch zeigte sich in ihr nicht nur fortgeschritten in wissenschaftlicher Sprachkenntnis und Methode; die von ihm gewählte Disposition und die Formulierung und Art seiner Beigaben **legen auch von seinem** pädagogischen Geschick ein **ehrendes** Zeugnis ab. Er wollte, wie er dem Unterzeichneten schrieb, eine für Lehrer und Schüler gleich **brauchbare Ausgabe** liefern; im wesentlichen ist ihm dies **gelungen**. Wie Lubarsch durch seine metrischen Studien auf Lafontaine geführt **worden war**, so führten ihn dieselben auch zu Boileau, **von dessen Art poétique** er eine mit den gleichen Vorzügen ausgestattete, nur etwas schulgemässer kommen**tierte Ausgabe** (l'Art poétique von Boileau. Für den Schulgebrauch erklärt. Leipzig, Teubner, 1885. 8⁰. 87 S.) veröffentlichte. Neben diesen Arbeiten, die durch **die auf sie** verwandte Mühe und Sorgfalt die von der angestrengten Berufsthätigkeit des Verfassers freigelassenen Stunden fast vollständig in Anspruch nahmen, blieb ihm nur wenig Zeit zu anderer wissenschaftlicher Thätigkeit. Doch hat Lubarsch es möglich gemacht, auch noch eine Anzahl Rezensionen für die Zschr. f. neufrz. Sprache und Litt. zu liefern, die seine ununterbrochene Teilnahme an Publikationen zum Ausdruck bringen, welche mit seinen Spezialstudien im Zusammenhange standen. In der genannten Zeitschrift, für deren Bestrebungen er seit ihrer Begründung unausgesetzt das regste Interesse bekundete und mit deren unterzeichneten Herausgeber er sich in fortlaufenden Gedankenaustausch setzte, sind von ihm folgende Artikel zum Abdruck gebracht worden:

1879. Foth, Französische Metrik. I, 408—411.
J. Boulmier, Vilanelles. I, 411—413.
La Sablière, Madrigaux pp. Blanchemain. I, 413—414.
1880. La Chanson. II, 277—279.
1882. Gröbedinkel, Der Versbau bei Desportes und Fr. de Malherbe. III, 294—298.
Laun, La Fontaine's Fabeln. III, 468—473.
1885. Revue de l'Enseignement des langues vivantes.
La Suisse romande.
Le Monde poétique. VII^2, 84—87.
Le Chant de la Cloche de Schiller. VII^2, 88—89.
1886. L'Art poétique de Boileau ed. Knörich. VII^2, 293—295.

Je mehr Lubarsch von wissenschaftlichem Streben beseelt wurde und je eifriger er sich, durch seine Erfolge ermutigt, seiner litterarischen Thätigkeit widmete, der er gern, auch nach Seite der Naturwissenschaften hin, eine grössere Ausdehnung gegeben hätte, um so drückender empfand er die Fesseln seines Lehramtes, das er auf das gewissenhafteste verwaltete und in dem er, seinen Kollegen ein wackerer Amtsgenosse, seinen Schülern ein anregender, ernster und gründlicher Lehrer, eben um seiner Pflichttreue willen seine besten Kräfte verzehrte. Am schwersten ertrug er die Notwendigkeit seines Aufenthaltes in einer Stadt, die seiner Gesundheit schädlich, seinen Studien hinderlich war. Schon seit 1882 betrieb er daher energisch seine Berufung nach einem anderen Orte, womöglich nach Breslau, die ihm schliesslich auch in feste Aussicht gestellt wurde. Er sollte die Erfüllung seines Wunsches nicht mehr erleben. Sein Körper war der doppelten Anstrengung seines Berufes und seiner litterarischen Thätigkeit nicht gewachsen gewesen Im Jahre 1884 begannen sich die ersten Spuren eines sich entwickelnden Lungenleidens bemerkbar zu machen, Ostern 1885 war dasselbe bereits soweit fortgeschritten, dass er sich genötigt sah, einen längeren Urlaub zu nehmen, um zunächst in Reichenhall, dann in Karlsruhe OS. und im Winter 1885,86 in der Riviera und in Südfrankreich Heilung zu suchen. Ein Sommeraufenthalt in Landeck i. S. 1886 stellte ihn soweit her, dass er von einem zweiten Winteraufenthalt im südlichen Klima die Wiederherstellung seiner Kräfte erhoffen konnte. Er begab sich im Herbst d. J. über Paris, wo er Gelegenheit nahm, die in der folgenden Broschüre geschilderten Besuche zu machen,[1]) nach Ajaccio, fand aber auch dort nicht die erhoffte Erleichterung, sondern kehrte nach Ablauf seines Urlaubs schwer krank nach Königshütte zurück, um in der Heimat und unter den Seinigen, von denen er die Entfernung während zweier Winter besonders herb empfunden hatte, die letzten Tage zu verleben. Er erlag seinem Leiden am 5. März 1887. Die schlesische Lehrerwelt verlor mit ihm einen ihrer besten und anerkanntesten Vertreter, die Wissenschaft einen begabten und strebsamen Arbeiter, von dem sich bei fortschreitender Vertiefung seiner Studien die trefflichsten und fördernsten Leistungen erwarten liessen. Sein früher Tod raubte ihm zum Teil die schönsten Früchte seiner Thätigkeit. Doch hat es ihm auch bei Lebzeiten nicht an Anerkennung und Ermunterung

---

[1]) Zur Ergänzung des von Lubarsch Erzählten lassen wir hier die Zeilen eines von ihm ebenfalls interpellierten Franzosen folgen, in denen dieser über Lubarsch's Bemühungen berichtet, die Art, wie die Franzosen ihre Verse lesen, aus bester Quelle zu erfahren:

M. Lubarsch avait préparé de nombreuses notes contenant différents exemples de vers renfermant les syllabes en question dans tous les cas variés qu'il avait pu distinguer. Dans les deux entrevues que j'ai eues avec lui, il m'a prié de lui lire plusieurs de ces vers, et il a observé et noté avec soin les intonations que je donnais aux diverses parties des vers et particulièrement à celles qui faisaient plus spécialement l'objet de nos recherches. Il m'a paru satisfait du résultat obtenu, — tant de ma prononciation, que des explications techniques que ma pratique personnelle de la versification me mettait à même de lui fournir. M. Lubarsch m'a exprimé le désir de voir plusieurs de nos sommités poétiques: son choix était des plus judicieux: M. Ernest Legouvé, de l'Académie française, le lecteur par excellence; M. Leconte de l'Isle, aussi Académicien, le plus fort forgeron de l'art de rimer; et Théodore de Banville, le plus fantasque et le plus riche rimeur (puisque pour lui „la

gefehlt. Von Seiten des französischen Ministeriums des Unterrichts wurde ihm für seine Verslehre die silberne Palme zuerkannt und das Prädikat eines Officier d'Académie verliehen; in Deutschland nahm er nach Erscheinen seines Hauptwerkes mit einem Schlage innerhalb der Fachkreise eine angesehene Stellung ein: in Gröbedinkel's und Ricken's Dissertationen, von denen ihm der letztere seine Arbeit über den Versbau Corneille's zum Danke für die ihm zu Teil gewordene direkte und indirekte Unterstützung widmete, konnte er die von ihm gelegte Saat keimen und Früchte tragen sehen; von seinem direkten Vorgesetzten war ihm die Auszeichnung des Professortitels zugedacht, die nur aus formalen Gründen aufgeschoben werden musste — aber auch Enttäuschungen und Angriffe waren nicht ausgeblieben, und er ertrug namentlich die letzteren schwerer als notwendig, weil ihm, dem isolierten und über die Verhältnisse der Fachlitteratur ungenügend orientierten, die oft geringe Bedeutung derselben nicht klar sichtbar war. Noch die hier veröffentlichte, auf dem letzten Krankenlager zum Abschluss gebrachte Arbeit ist ein Beweis von Lubarsch's allzu ängstlicher Besorgnis um den Bestand seines Lebenswerkes; zugleich aber auch ein Beweis, dass er bis zum letzten Augenblicke bereit war, für das einzutreten, was er für gut und richtig erkannt hatte. Auch der Aufruf zur Begründung des Deutschen Einheitsschulvereins, der ihn schwer leidend antraf, fand ihn nichtsdestoweniger willens, bei hergestellter Gesundheit

rime est tout"), mais aussi le plus licencieux (en ce sens qu'il se permet le plus de licences), le plus dévergondé, en somme plein de verve, abondant en innovations — souvent plus hardies que raisonnées et raisonnables. M. Lubarsch, autant que je sache, n'a eu un accueil utile que des deux derniers, et il en a été satisfait. Il n'est pas homme à n'avoir pas enregistré dans des notes le fruit de ces entretiens.

Pour ma part je regrette de n'avoir plus revu le savant professeur, de n'avoir pu avoir communication de l'impression que lui avaient laissée ses conversations avec ces autorités en versification, et y ajouter les quelques renseignements complémentaires qu'il m'aurait sans doute demandés. Mais ce que je regrette encore plus — ce que je déplore avec une sincère affliction — c'est la perte prématurée d'un homme si estimable sous tous les rapports, d'un érudit si docte et si consciencieux, mort sur sa brèche, on peut le dire, et expirant avec la douleur — il doit l'avoir sentie — de n'avoir pas mis la dernière main à une œuvre si méritante, si laborieuse et si remarquablement commencée.

Paul Boutez.

mit Wort und Schrift für dessen Ziele einzutreten. So blieb er, trotz körperlichen Leidens und psychischer Verstimmung dennoch frisch und rüstig bis zum letzten Augenblicke, sobald es sich um Bestrebungen handelte, die sein wissenschaftliches oder pädagogisches Interesse erweckten. Hoffen wir, dass ihm, der unter schwierigen Verhältnissen so rüstig gestrebt und gearbeitet, wenigstens nach dem Tode die verdiente Anerkennung von allen Seiten ungeschmälert zu Teil werde.

Greifswald, im Juni 1887.

E. Koschwitz.

Erster Abschnitt.

Die Frage „Wie sind die französischen Verse zu lesen?" ist für eine richtige Beurteilung der französischen Versformen wie für den praktischen Unterricht des Französischen auf deutschen Schulen eine so überaus wichtige, dass man Beiträge zu einer sachgemässen Beantwortung derselben gewiss für verdienstlich halten wird. Nur muss eben die Beantwortung wirklich sachgemäss sein und allen einschlagenden Thatsachen Rechnung tragen. Nach keiner Richtung hin ist dies der Fall mit einer diese Frage behandelnden Schrift von R. Sonnenburg,[1]) obwohl ihr Verfasser sich das Zeugnis ausstellt, er sei bei ihrer Abfassung so gründlich wie möglich verfahren (S. 7 der Sonnenburg'schen Schrift). Diese angebliche Gründlichkeit des Verfassers besteht darin, dass er in Paris im Théâtre-Français der Aufführung der „Mérope" von Voltaire und im Odéon derjenigen der „Athalie" von Racine beigewohnt hat, dass er während der Aufführung dieser Stücke sich Notizen namentlich über die Aussprache des stummen *e* gemacht und dann die hieraus für das Lesen der französischen Verse sich ergebenden Regeln unter Zuziehung eines berühmten Schauspielers der Comédie française — dessen Namen zu nennen er uns schuldig bleibt — formuliert hat. Und diese Regeln, die sich übrigens fast nur auf das *e* muet beziehen, werden nun urbi et orbi als allgemein verbindlich für die Deklamation französischer Verse verkündet, während zugleich die Lehrer des Französischen in Deutschland und insbesondere die deutschen Schriftsteller über französische Metrik in der masslosesten Weise angegriffen und verspottet werden. Lehrer und Schüler in Deutschland lesen nach Sonnenburg die französischen

---

[1]) R. Sonnenburg, Wie sind die französischen Verse zu lesen? Berlin, Julius Springer, 1885. 26 S. 8⁰.

Verse um die Wette falsch (S. 5). Die Angaben der deutschen Schriftsteller über die Aussprache des stummen *e* im Verse sind rein aus der Luft gegriffen (S. 19); die deutschen Schriftsteller über französische Metrik wissen nicht einmal genau, wie die französischen Verse gesprochen werden müssen (S. 4); sie haben bei den Franzosen nicht nachgefragt, wie sie ihre Verse lesen (S. 7), und ihre Zergliederungen des französischen Rhythmus sind sinnlose Einfälle und ein Beweis von grosser Kühnheit verbunden mit einem eben so grossen Mangel an Kenntnis der Sache (S. 20).

Über den in Rede stehenden Teil der französischen Verslehre, d. h. über die französische Rhythmik haben in Deutschland nur sehr wenige Schriftsteller eingehende Entwickelungen geliefert, ja ihre Zahl schmilzt nahezu auf zwei zusammen, wenn man wie Sonnenburg (S. 4) nur die letzten Jahre im Auge hat. Da nun unter der geringen Zahl der bezüglichen Schriften meine Veröffentlichungen die umfangreichsten sind, so werde ich schwerlich fehlgehen, wenn ich den grösseren Teil der gegen die Metriker gerichteten Anschuldigungen Sonnenburg's auf mich beziehe, wenigstens wird jeder unbefangene und mit der einschlagenden Litteratur vertraute Leser der Sonnenburg'schen Abhandlung bei den betreffenden Ausfällen an meine Arbeiten denken müssen. Obwohl es nun keine erfreuliche Arbeit ist, das Gewirre solcher halb aus dem Versteck gerichteten Angriffe aufzudecken, so kann man derselben doch nicht aus dem Wege gehen, sobald ein solches Schweigen dazu beitragen kann, unrichtigen Angaben Thür und Thor zu öffnen. In solchem Falle erfordert das Interesse der Wissenschaft eine Antwort, und diese will ich hiermit übernehmen, da ich zu der Klasse der angegriffenen Schriftsteller gehöre, auch wenn Sonnenburg Namen in seiner Schrift zu nennen zu — vorsichtig war.

Man sollte meinen, dass, wenn jemand über die Schriften anderer in so unerhörter Weise herfällt, wie es Sonnenburg thut, er wenigstens die bezüglichen Schriften ordentlich gelesen hat, und dass seine eigenen Aufstellungen ein ganz neues Licht über den behandelten Gegenstand verbreiten werden. Keines von beiden ist der Fall. Sonnenburg kennt gar nicht den Inhalt der von ihm verächtlich behandelten deutschen Arbeiten und ebenso wenig die einschlagende französische Litteratur; seine eigenen Mitteilungen enthalten in der Hauptsache nichts, was nicht bereits von deutschen Metrikern bemerkt worden wäre, und — was schlimmer ist — diese seine Mitteilungen sind durch die Art und Form ihrer Aufstellung so unvollständig, einseitig und falsch, dass sie, statt zu belehren, nur zu den grössten Irrtümern Veranlassung geben können.

Sonnenburg verkündet alle seine Regeln über das Lesen der französischen Verse als Bericht dessen, „was die Franzosen selbst als richtig und massgebend anerkennen" (S. 16). Hier muss man sofort fragen, wie kommt Sonnenburg dazu, den Schauspieler des Théâtre-Français, der hinter ihm steht, mit den Franzosen im allgemeinen zu identifizieren? Sonnenburg durfte doch höchstens schliessen, dass diesen Regeln der Vortrag der französischen Schauspieler entspricht; dass aber alle in der Frage ebenfalls kompetenten Franzosen die französischen Verse so lesen, wie die Schauspieler auf der Bühne sie sprechen, ist ein gewaltiger Irrtum, den Sonnenburg vermieden hätte, wenn er vor seiner Reise nach Paris die einschlagende Fachlitteratur studiert hätte. Dann hätte er auch nicht geglaubt, etwas Neues zu sagen, wenn er als Hauptregel aufstellt: „Zwischen der Aussprache der Prosa und der Aussprache der Verse ist durchaus kein wesentlicher Unterschied; da wo das *e* in der Prosa stumm ist, wird es im allgemeinen auch im Verse nicht gesprochen" (S. 16). Denn dass der Vortrag der gebundenen Rede auf der französischen Bühne durch und durch naturalistische Färbung hat, hatte ich bereits mit Berufung auf Morin de Clagny sechs Jahre vor Sonnenburg hervorgehoben,[1]) und für die Schule war die Regel zu derselben Zeit von mir folgendermassen formuliert worden[2]): „Das *e* der weiblichen im Verse mitzählenden Endungen ist zwar im Gesang, wo auf diese Endungen eben so gut eine Note wie auf die vollen Silben entfällt, vollkommen hörbar. Bei der Deklamation von Versen aber ist dieses *e* nicht hörbarer als in Prosa (man vergesse nicht, dass dieses *e* auch in der Prosa in den meisten Fällen nicht völlig stumm ist!), nur wird die Silbe, der es angehört, durch deutliche, von der vorhergehenden Silbe losgelöste Artikulation ihres konsonantischen Anlautes möglichst selbständig für das Ohr hervorgebracht." Aber freilich hatte ich nicht verschwiegen, dass ein Teil der französischen Autoritäten eine deutliche Aussprache des *e muet* verlangt und hatte hierfür die französischen Dichter und Metriker F. de Gramont und Th. de Banville zitiert, und in der Vorrede meines Abrisses hatte ich noch einmal hervorgehoben, dass die Ansichten über diesen Punkt in Frankreich noch geteilt seien.

Diese Angaben waren, wie man sieht, präzise genug, um sich auf sie bei weiteren Nachforschungen stützen zu können. Es kam

---

[1]) Lubarsch, Französische Verslehre. Berlin 1879. XII und 522 S. 8⁰. S. 14. — Auf dieses Buch wird später durch die Abkürzung L. hingewiesen.
[2]) Lubarsch, Abriss der französischen Verslehre. Berlin 1879. VIII und 92 S. 8⁰. — S. 16.

wesentlich darauf an, auch bei denjenigen Franzosen Nachfrage zu halten, die nicht nach Art der Schauspieler deklamieren, um so mehr, als ja das Theater seiner Natur nach nur eine höchst einseitige Art der Deklamation vertritt. Denn zunächst hört man auf ihm nur dramatische Verse, und ein episches oder lyrisches Gedicht wird einen anderen Vortrag verlangen als die Wechselrede oder selbst als der Monolog eines Dramas. Aber sogar dramatische Verse werden auf der Bühne anders vorgetragen werden müssen, als wenn sie einfach vorgelesen werden. Denn auf der Bühne werden sie von den Handlungen und den Gebärden der Schauspieler begleitet, welche dem Vorleser übel anstehen würden. Wie sehr dieser Umstand insbesondere die Aussprache des stummen *e* beeinflussen muss, wird man noch weiter unten sehen. Für jetzt handelt es sich nur darum, klar zu legen, dass eine ganze Reihe von Umständen, an die zu denken Sonnenburg vollständig unterlassen hat, gebieterisch fordern, die Deklamationsregeln für französische Verse nicht ausschliesslich aus dem Theatergebrauch zu abstrahieren.

Zur Zeit der Abfassung meiner Verslehre war mir das Buch „L'Art de la lecture"[1]) des als Vorleser berühmten Akademikers Ernest Legouvé entgangen, so dass ich Legouvé unter denjenigen Autoritäten, welche für den Vers einen anderen Vortrag als für die Prosa verlangen, nicht zitieren konnte. Obwohl nun Legouvé's Buch in Deutschland nicht unbekannt geblieben ist, so hat man doch meines Wissens nirgends aus demselben die den Vortrag der Verse betreffenden Leseregeln, die an verschiedenen Stellen des geistreichen Buches zerstreut sind, deutlich zusammengestellt. Ich halte es daher für angebracht, dies hier zu thun und erlaube mir dabei, in den Zitaten besonders hervorragende Stellen durch den Druck hervorzuheben. Legouvé's Lehren sind folgende:

1. Man liest nicht, wie man spricht. Die Umgangssprache gestattet und verlangt sogar ein gewisses Sichgehenlassen in der Aussprache, das beim Lesen ein Fehler wäre. Umgekehrt wäre es Pedanterie, zu plaudern, wie man liest. Beispielsweise sagt man in der Unterhaltung oft *més, tés, sés* statt *mès, tès, sès*, was beim Lesen alle zarten Ohren verletzen würde (S. 77). Selbst zwischen dem Redner und dem Vorleser muss man noch einen Unterschied machen, da ersterer in seinem eigenen

---

[1]) (E. Legouvé, L'Art de la lecture. 21ᵉ éd., revue et augmentée de huit chapitres à l'usage de l'enseignement secondaire. In-12°. 304 S. Paris, Hetzel et Cⁱᵉ).

Namen und um zu überzeugen spricht, wobei ihm eine allzu genaue Beobachtung der Ausspracheregeln einen Anschein von Pedanterie verleihen würde, welcher dem Zweck zu überzeugen hinderlich wäre (S. 171—172).

2. Für den *Vorleser* muss in betreff der *e* muets als *Grundsatz* die Aussprache derselben aufgestellt werden (S. 175). Bei den Einschränkungen, die dieser Grundsatz erleidet, hat man den Vortrag der Prosa von demjenigen der Verse zu unterscheiden (S. 176).

3. Beim Vortrag der Prosa kommt es auf die Arten derselben an. Das Lustspiel gestattet, ja verlangt sogar bisweilen eine gewisse Nachlässigkeit, die mit dem Alter oder dem Charakter der Personen zusammenhängt (S. 176). Ein Brief Voltaire's gestattet dem Leser die *e* muets und die Bindungen lässiger zu behandeln als eine Leichenrede Bossuet's. Aber selbst beim Vortrag Voltaire's handelt es sich nicht darum, die *e* muets zu unterdrücken *(supprimer)*, sondern sie anzudeuten *(sous-entendre)*. „En réalité, pour un lecteur habile, il y a très peu d'*e* absolument muets, et très peu de liaisons absolument inutiles. Son art consiste à ce que les auditeurs les devinent, les sentent, même quand, lui, il ne les fait pas complétement sentir. La voix possède pour cela des ressources merveilleuses; le lecteur qui sait son métier emploie, au besoin, une variété de timbres, une multitude de clairs-obscurs, de demi-teintes, de façons de glisser, d'indiquer, d'esquisser, qui établissent mille liens légers entre les mots, et qui, sans donner aucune raideur au discours, lui laissent toute sa force, toute son harmonie, tout son relief. C'est affaire de mesure. Il faut *sous-exprimer* les *e* muets et les liaisons, non pas les supprimer" (S. 177).

4. Beim *Vortrag der Verse* duldet die Regel, die *e* muets auszusprechen, *keine* Ausnahme. Darüber drückt sich Legouvé ganz kategorisch folgendermassen aus, indem er in unmittelbarem Anschluss an das soeben mitgeteilte Zitat folgendermassen fortfährt: „Reste la lecture de la poésie, là, pas de concession, la règle doit être inflexible, invariable, draconienne. Le salut des vers est à ce prix. Manquer aux lois de la prononciation, c'est manquer aux lois de la poésie même. Le lecteur qui ne *prononce* pas les *e* intermédiaires *fait un vers faux*. Celui qui retranche l'*e* muet final, fait un vers masculin d'un vers féminin. Celui qui supprime la consonne placée à la fin d'un mot en face d'une voyelle, fait un hiatus. La versification ne souffre pas seule de ces irrégularités; elles enlèvent toute son ampleur,

toute son harmonie, toute sa richesse à la poésie même: elles en font de la prose.

5. Beim Vortrag der Verse ist auf die Gattung des poetischen Stückes Rücksicht zu nehmen, doch so, dass man unter allen Umständen Rhythmus und Reim melodisch hervorhebt. „Ajoutez que chaque genre de poésie a son genre d'interprétation. Lire une ode comme une fable, un morceau lyrique comme un morceau dramatique, les *Étoiles* de Lamartine comme l'*Aveugle et le Paralytique* de Florian, c'est jeter sur la magnifique variété des œuvres du génie l'affreux voile gris de l'uniformité. Mais la règle immuable, inflexible, éternelle qui s'applique à tous les genres et à tous les hommes, règle que je répète comme la loi qui résume toutes les lois c'est que le jour où on lit un poète, il faut le lire en poète. Puisqu'il y a un rhythme, faites sentir le rhythme! Puisqu'il y a des rimes, faites sentir les rimes! Quand les vers sont peinture et musique, soyez, en les lisant, peintre et musicien!" (S. 124).

6. Die Manier der Schauspieler, welche die Verse derart zerreissen, dass sie wie Prosa klingen, ist ebenso wenig die richtige wie die Manier derjenigen Vorleser, welche, einem angeblichen Wohlklang zu Liebe, aus ihnen eine Art eintönigen Gesanges machen. „De très-éminents acteurs, et entre autres M. Provost, proclamaient, je le sais, la subordination nécessaire de la prononciation dans la poésie dramatique, à ce qu'il appelait la vérité, le naturel. Je me révolte nettement contre cette théorie, au nom de la poésie et du même théâtre" (S. 178). „Que devient *Polyeucte*, que reste-t-il d'*Athalie*, que sont le *Misanthrope*, les *Femmes savantes*, le *Joueur*, si le dédain pour le rhythme, pour la loi des vers, en retranchent l'élément poétique sous prétexte de donner plus de force à l'élément dramatique. Le drame lui-même s'y amoindrit, l'émotion théâtrale s'y perd, car souvent l'émotion naît de l'harmonie même, et l'effet de théâtre n'est parfois qu'un effet de vers" (179). — „Je n'entends guère lire des vers en public sans admirer combien il y a de manières différentes de les mal lire. Les uns, sous prétexte d'harmonie, se croient obligés de les envelopper dans une sorte de mélopée onctueuse qui arrondit toutes les lignes, efface tous les contours, huile tous les ressorts et arrive à vous produire une sensation fade et écœurante, assez semblable à l'effet d'une tisane mucilagineuse. Les autres, sous prétexte de vérité, ne s'inquiètent ni du rhythme, ni de la rime, ni de la prosodie; et quand par

malheur ils se souviennent que la césure est au sixième pied, ils vous disent bravement:
 Mon esprit est mal propre (Césure, virgule)
                aux spéculations![¹]) (113).

So weit Legouvé im Art de la lecture. Es ist also offenkundig, dass in Frankreich selbst französische Verse auf verschiedene Weise gelesen werden, und dass hervorragende französische Vorleser und Dichter die Deklamation der Schauspieler für nicht mustergiltig erklären. Diese Thatsache war vor Veröffentlichung der Sonnenburg'schen Schrift bekannt, sie war in meinen Schriften berücksichtigt worden, und doch wagt Sonnenburg zu sagen: „Wenn man für das Lesen des Verses ein Schema aufstellt, in welchem jedes stumme *e* vor einem konsonantisch anlautenden Worte als Silbe bezeichnet wird, so sind das leere Phantasien, durch die man sich und andere irreführt" (S. 20). Diese aus Unwissenheit hervorgegangene unrichtige Behauptung variiert Sonnenburg dann bis zum Überdruss an zahlreichen Stellen seiner Schrift, immer mit denselben spöttischen Ausfällen gewürzt, die alle darauf hinauslaufen, die Aussprache der weiblichen Endungen im französischen Verse als eine deutsche Erfindung hinzustellen! Dann wieder schiebt er den deutschen Schriftstellern über den Gegenstand Dinge unter, an welche schwerlich einer von ihnen gedacht hat. So meint er von denjenigen, welche die mitzählenden weiblichen Endungen als Silben mitsprechen lassen, es müsse wohl „das fortwährende Geklapper des *e* für ihre Ohren angenehm klingen." Aber wer von den deutschen Metrikern verlangt ein Geklapper des *e*, um die weiblichen Silben hervorzubringen? In meiner Verslehre heisst es S. 13: „Der erörterte Lautwert des *e* sourd der weiblichen Endungen (in der Prosa) wird im Vortrag von Versen an sich nicht geändert. Dagegen ist es unbestritten, dass in der getragenen Rede überhaupt und beim Vortrag der Verse insbesondere die einzelnen Wortsilben schärfer abgesetzt werden als in der gewöhnlichen Rede. Die weiblichen Endungen im Verse, welche mitzählen, werden daher durch die von der vorhergehenden Silbe mehr losgelöste Artikulation ihres konsonantischen Anlautes[²]) deutlicher

---

¹) Man beachte die dabei durch „Mon esprit est malpropre" herbeigeführte komische Sinnverdrehung.
²) (Lubarsch will damit sagen, dass der durch Verstummung des nachtonischen *e* in den Auslaut tretende Konsonant explosiv artikuliert bleibt und nicht zur vorhergehenden Silbe gezogen und demgemäss implosiv gesprochen wird: also *du-p'*, nicht *dup [dupe]*. Vgl. unten S. 13).

silbenbildend. Hierauf aber, auf die für das Ohr vernehmliche selbständige Bildung einer Silbe, nicht auf den Vokallaut dieser Silbe, kommt es bei dem Rhythmus der Verse an." Man kann wohl kaum deutlicher sein, und doch genügt diese Deutlichkeit nicht, um vor Unterstellung des Gegenteils zu schützen. Weiter sagt Sonnenburg von denjenigen, welche die Aussprache der mitzählenden weiblichen Endungen im Verse fordern: „Sollten sie etwa glauben, dass, wenn das stumme e nicht gesprochen würde, wo es als Silbe zählt, gar kein Vers herauskomme?" Gewiss glauben sie das, und mit ihnen glauben es die oben genannten französischen Gewährsmänner: denn eine andere logische Folgerung ist gar nicht möglich. Weiter fährt Sonnenburg fort: „Sollten sie meinen, dass auch im Französischen, ähnlich wie in manchen anderen Sprachen, der Vers stets deutlich skandiert werden müsse, um die Natur des Verses zu bewahren?" Das gewiss nicht, denn Rhythmen zergliedern ist mit dem Deklamieren der Verse nicht identisch: soviel aber steht fest, dass die Silben des Verses beim Deklamieren sehr deutlich zur Wahrung der Silbenzahl abgesetzt werden müssen, wie ich späterhin durch die in Paris von mir an massgebender Stelle eingeholte Auskunft zeigen werde. Weiter sagt Sonnenburg in Bezug auf seine Fragen: „Ich bin nicht imstande, hierüber Aufschluss zu geben, um so weniger, da diejenigen, welche solche verkehrte Regeln über das Lesen der französischen Verse geben, selbst nicht imstande sind, genügende Auskunft zu erteilen." Nun, es wäre auf eine Anfrage Sonnenburg's angekommen; ich z. B. habe öfter derartige Anfragen beantwortet, im Punkte der Rhythmik selbst solche von Franzosen. „Warum," fährt der unermüdliche Frager fort, „haben sie sich niemals die Mühe gemacht, sich von den Franzosen selbst gründlich über die Sache belehren zu lassen?" Wie kommt Sonnenburg zu dieser merkwürdigen Annahme, die ich, soweit meine Person zu den angegriffenen Schriftstellern gehört, entschieden zurückweisen muss? Ich habe vor Abfassung meiner Verslehre Jahre lang, wenn auch nicht in Frankreich, so doch in einem französisch redenden Hause des Auslandes als Erzieher meinen eigenen Unterricht auf Französisch erteilt und habe in dieser Stellung täglich mit Nationalfranzosen, u. a. mit den Pariser Lehrern meines Zöglings verkehrt. Von solchen Lehrern habe ich mir französische Verse vorlesen lassen. Französische Komödie habe ich von guten Pariser Schauspielern ebenfalls vor Abfassung meiner Verslehre öfter spielen hören, und ich frage daher, wie kommt Sonnenburg dazu, die deutschen Schriftsteller über französische Metrik, deren persönliche Verhältnisse ihm doch unbekannt sind, seinen Lesern als Leute darzustellen, die von der französischen Dichtkunst wie der Blinde von der Farbe sprechen? Er scheut sich also nicht, aus Lust am Diskreditieren falsche Vermutungen als Thatsachen in die Welt zu schleudern! Er scheut sich ferner nicht, ganz am Ende seiner Schrift, Legouvé zu zitieren, aber merkwürdiger Weise nur die von mir auf Seite 13 mitgeteilte Stelle: der Abdruck der übrigen viel wichtigeren Äusserungen Legouvé's, die auf das gegebene Zitat unmittelbar folgen, hätte der Diskreditierung der deutschen Lehrer des Französischen die Spitze abgebrochen! Er sagt auf Seite 6 seiner Schrift: „Sehr scherzhaft ist folgende Behauptung: Die Verse mit gerader Silbenzahl werden so gelesen, dass die in gerader Stelle stehenden Silben den Ton haben. Die Verse mit ungerader Silbenzahl werden so gelesen, dass die in ungerader Stelle stehenden Silben den Ton haben. Das ist schön angedeutet, aber die Franzosen glauben keine Silbe davon." Wenn Sonnenburg das scherzhaft findet, so werden andere es noch scherzhafter finden, dass die von ihm 1885 getadelte Behauptung bereits 1879 in meiner Verslehre[1]) als eine irrtümliche — aber ohne hämische Randverzierung — zitiert ward, und dass der verdiente Verfasser des Schulbuches, in dem sie stand, sie deswegen, wie er mir vor vielen Jahren mitteilte, in der bald darauf erschienenen neuen Auflage seines Werkes beseitigte. Und wenn Sonnenburg es für nötig hält, zu verkünden, dass die Franzosen kein Wort von der erwähnten Vorschrift, Verse zu betonen, glauben, so wird man fragen, wer glaubt denn in Deutschland seit Jahren so etwas, falls nicht etwa, wie man argwöhnen könnte, Sonnenburg selber auszunehmen wäre, bevor er nach Paris reiste? In welcher neueren deutschen Arbeit über französische Metrik ist denn überhaupt von einer regelmässigen Wiederkehr eines bestimmten Rhythmus im französischen Verse die Rede?

Wenn nun Sonnenburg, der den Inhalt der deutschen Arbeiten über französische Rhythmik, wie ich gezeigt habe, gar nicht kennt und denselben Dinge unterbreitet, die in ihnen gar nicht stehen, weiter sagt: „Es ist in der That ein Beweis von grosser Kühnheit, verbunden mit einem ebenso grossen Mangel an Kenntnis der Sache, wenn man von dem jambischen, trochäischen und anapästischen Rhythmus der französischen Verse spricht und darauf ein System der Betonung der Silben baut" (S. 29), und wenn er unmittelbar vorher meint, dass die Franzosen mit Recht über dergleichen „sinnlose Einfälle" spötteln, so ist zu erwidern,

---

[1]) L., S. 30 und 31.

dass diese Ausdrucksweise das Mass dessen überschreitet, was man selbst in scharfer litterarischer Fehde noch passieren lassen kann. Diese Ausdrucksweise richtet den, der sich ihrer bedient, selbst dann, wenn er sachlich im Recht ist. Um wieviel mehr also denjenigen, der, wie Sonnenburg, nicht einmal in der Sache Recht hat. Denn Sonnenburg scheint die unbequeme Thatsache nicht zu kennen, dass die Franzosen selber auf dergleichen sinnlose Einfälle geraten sind, von den älteren Versuchen zu geschweigen, in neuerer Zeit Becq de Fouquières, dessen Werk gleichzeitig mit meiner Verslehre erschien und mit ihr in mehrfachen Punkten, wie ich weiter unten zeige, zusammentrifft. Was also den angeblichen Spott betrifft, von dem Sonnenburg berichtet, so dürfte er darauf zurükzuführen sein, dass Sonnenburg bei seiner Kenntnis des Gegenstandes nicht der Mann danach war, um die bezüglichen rhythmischen Zergliederungen einem Franzosen klar zu machen. Wenn ich freilich einem Franzosen einfach sage, dass jemand in Racine's Athalie Versfüsse entdeckt habe, so wird er antworten, das sei ganz schön, aber Racine habe, als er seine unvergleichlichen Verse schrieb, nicht daran gedacht, was ja auch ganz selbstverständlich ist. Wenn man aber demselben Franzosen zunächst eine Reihe von Alexandrinern vorlegt, die sämtlich auf der 3., 6., 9. und 12. Silbe betont sind, und ihn fragt, ob diese Verse nicht einen rhythmisch gleichen Eindruck auf das Ohr machen, so wird er dem nicht widersprechen, und wenn man ihm dann endlich sagt, solche Verse seien doch eigentlich aus dreigliedrigen Takten zusammengesetzt, die man mit Versfüssen vergleichen könne, so wird er das nicht mehr so ungereimt finden. Schliesslich fühlt sich Sonnenburg noch veranlasst, den Namen eines unserer ersten Romanisten in ganz eigentümlicher Weise auszunutzen. Im unmittelbaren Anschluss an die von mir zuletzt zitierte Stelle fährt er nämlich fort: „Man sehe hierüber" — also über die grosse Kühnheit und den ebenso grossen Mangel an Sachkenntnis derjenigen, die von dem jambischen, trochäischen und anapästischen Rhythmus der französischen Verse sprechen — A. Tobler, Vom französischen Versbau alter und neuer Zeit. Dies Buch ist von allen, welche diesen Gegenstand behandeln, am meisten zu empfehlen . . ." Hier sucht Sonnenburg zwei unrichtige Vorstellungen bei seinen Lesern zu erwecken: einmal, als ob Tobler's Anschauungen über die Arbeiten der deutschen Schriftsteller über französische Rhythmik sich mit denen Sonnenburg's völlig deckten, sodann, als ob der Gegenstand der erwähnten Arbeiten in dem Tobler'schen Werke eine angemessene Erledigung finde. Aber Tobler spricht an der Stelle seines Buches, auf welche Sonnenburg Bezug nimmt[1]), nur von denjenigen, die den französischen Vers in gleichförmig wiederkehrende jambische oder trochäische Versfüsse zerlegen wollen, und fügt hinzu, man könne dem Verse

Rien n'est beau que le vrai, le vrai seul est aimable

eher noch einen anapästischen Charakter beimessen, doch sei er ja nur einer unter vielen anders gebauten. Die Fragen ferner, welche die engere Rhythmik des französischen Verses ausmachen (Einfluss der Tonsilben, Aussprache des e muet, Deklamation), behandelt Tobler in seinem Buche nicht, und zwar, wie er in seiner Vorrede ausdrücklich sagt, nicht etwa, weil er ihre Wichtigkeit verkenne, sondern weil er die Lösung solcher Fragen in seinem Werke gar nicht beabsichtigt habe.

Eine grenzenlose wissenschaftliche Leichtfertigkeit, eine bis zur Naïvetät gehende Unkenntnis des Standes der zu behandelnden Frage treten, wie man sieht, in der Sonnenburg'schen Schrift in einem Masse auf, dass man ihren Urheber kaum mehr ernsthaft nehmen kann. Und darum soll auch dem Herrn Direktor Sonnenburg seine wahrhaft phänomenale Schmähsucht nicht weiter gerügt werden.

[1]) (Gemeint ist Tobler l. c., 2. Aufl., S. 80 f. Dass Sonnenburg sich mit Unrecht auf die fragliche Stelle beruft, geht auch aus Tobler's Buche S. 3—7 und aus seinen anerkennenden Worten S. III f. über Lubarsch u. a. mit aller wünschenswerten Deutlichkeit hervor.)

Zweiter Abschnitt.

Über die Frage: „Wie soll man die französischen Verse lesen?" habe ich im verflossenen Winter[1]) in Paris Unterredungen mit Ernest Legouvé, sowie mit den französischen Dichtern Th. de Banville und Leconte de Lisle gehabt. Durch letztere beide ist es mir möglich gewesen festzustellen, wie die französischen Dichter selber ihre Verse gelesen wissen wollen: denn Th. de Banville las mir auf meine Bitte aus seinen Gedichten vor, und vor Leconte de Lisle habe ich selber gelesen. Ich will nun den Verlauf der drei Unterredungen (über die ich unmittelbar nach ihrer Beendigung schriftliche Aufzeichnungen machte) mitteilen, muss aber zum Verständnis erst noch einige Bemerkungen über die weiblichen Endungen sowie über den inneren Rhythmus der französischen Verse vorausschicken.

Wenn bei der Diskussion über die Aussprache der weiblichen Endungen im Verse nicht eine grosse Verwirrung Platz greifen soll, so muss man stets zweierlei unterscheiden: die weibliche Silbe als Ganzes einerseits und ihre Elemente, nämlich den Vokallaut des in ihr enthaltenen *e* sourd und den ihm vorhergehenden konsonantischen Anlaut, andererseits. Das *e* sourd zeigt beim Lesen der französischen Prosa und Poesie alle Abstufungen vom deutlich tönenden dumpfen *e* bis zu einem Hauch, der gerade noch zur deutlichen Artikulation des vorhergehenden Konsonanten ausreicht und der unter Umständen völlig erlöschen kann. Für den Vers kommt es nur darauf an, dass die mitzählende weibliche Endung für das Ohr als Silbe erhalten bleibt, und hierauf wurde von uns in der oben mitgeteilten Stelle meiner Verslehre aufmerksam gemacht. Ich wies an demselben Orte zugleich darauf hin, dass der Widerspruch der streitenden Parteien

---

[1]) (1886/87).

oft ein blos scheinbarer sei, indem diejenigen, welche eine Aussprache der weiblichen Endungen — wofür sie oft kurz sagen „des e muet" — verlangen, damit nur meinen, dass man diese Endungen irgendwie als Silben für das Ohr erhalte. Doch nicht immer ist der Widerspruch ein blos scheinbarer, er ist in zahlreichen Fällen wirklich vorhanden.

Um an einem Beispiel zu zeigen, wie eine Aussprache der weiblichen Endungen, die der Silbenanzahl des Verses Rechnung trägt, sich von der entgegengesetzten unterscheidet, wähle ich den Vers:

Dieu triste, Dieu jaloux, qui dérobes ta face.

Das in diesem Verse vorkommende Wort *dérobes* kann auf drei Weisen gesprochen werden. Einmal so, dass das e der weiblichen Endung deutlich wie ein e sourd klingt, ähnlich wie in den einsilbigen Worten *je, de, me* u. s. w. Diese Aussprache mag mit *dérob'*s bezeichnet werden; wird dieselbe abgeschwächt, so dass das e sourd zwar noch deutlich, aber doch schwächer als in den angeführten einsilbigen Wörtern klingt, so soll für das e ein kleineres Zeichen gewählt werden: *dérob's*. Es kann zweitens in der Endung des Wortes *déro-bes* das e verstummen, während der konsonantische Anlaut *b* der Endung ohne Anlehnung an den Vokal *o* der vorhergehenden Silbe selbstständig und zwar unter Verlängerung seiner Vibration artikuliert wird[1]). Um diese Aussprache zu üben, spreche man unter Fortlassung des vorhergehenden Wortteiles zunächst nur diesen Konsonanten mit dem ihm folgenden Versteil aus, also *b' ta face*. Auf diese Weise erhält man eine Aussprache der Worte *qui dérobes ta face*, bei welcher zwar das e der weiblichen Endung von *dérobes* erloschen ist, bei der aber trotzdem die Silbe, der es angehört, als Zeitmass für das Ohr erhalten bleibt. Diese Aussprache soll künftig mit *dérob's* bezeichnet werden. Endlich kann das weibliche e in *dérobes* verstummen, ohne dass die soeben erwähnte verlängerte Vibration des ihm vorhergehenden Konsonanten Platz greift; es wird dann der Konsonant *b* in der Aussprache zum vorhergehenden Vokal *o* gezogen, so dass er als Schlusskonsonant der Silbe *rob* und nicht als Anfangskonsonant der Silbe *bes* erscheint[2]). Diese Aussprache soll mit *dérob(e)s* bezeichnet werden. Die Aussprachen *dérobes* wie *dérob's* und *dérob's* genügen den Forderungen einer Deklamation, bei welcher die Silbenanzahl des

---

[1]) (Lubarsch will auch hier nichts anders als explosive Artikulation des *b*, also *déro-b'* bezeichnen. Mit Verlängerung der Vibration kann nur ein kurzes Fortdauern des Stimmtones nach erfolgter Explosion des *b*-Verschlusses verstanden sein).

[2]) (Lubarsch umschreibt hier deutlich die implosive Artikulation von *b*).

Verses dem Ohr erhalten bleibt, während die Aussprache *dérob(e)s* den Vers zur Prosa macht. Welche von den beiden möglichen die feste Silbenanzahl des Verses erhaltenden Aussprachen im Einzelfalle zu wählen sei, das lässt sich durch bestimmte Regeln **nicht** festsetzen, zumal unmerkliche Übergänge zwischen ihnen vorhanden sind. Was den als Beispiel gewählten Vers anbelangt, so wird man ihn

Dieu triste, Dieu jaloux, qui dérob's ta fac(e)

aussprechen.

Wie wenig sich Sonnenburg über den Unterschied des Silbenwertes und des Vokalwertes der weiblichen Endungen klar geworden **ist, zeigt** treffend die von ihm aus Lesaint herüber genommene Regel, nach welcher das *e* der Wörter *de, re, le* etc. so wenig und so flüchtig zu sprechen ist, dass man es als ein stummes *e* ansehen kann. Gleich das erste Beispiel, das er aus seinen eigenen Beobachtungen anführt, zeigt, dass diese Regel nur falsche metrische Vorstellungen erwecken kann. Denn in dem von ihm zitierten Verse aus Mérope I, 2

Du sang qui *le* fit naître a fait parler les droits

ist freilich das *e* von *le* flüchtig zu sprechen, aber die von diesem Wort gebildete Silbe ist trotzdem ganz deutlich vorhanden, da entgegengesetzten Falls der Vers für das Ohr mit

Du sang *qu'il* fit naître a fait parler les droits

identisch würde, was einen ganz verkehrten Sinn gäbe.

Wenn nun auch, wie bereits hervorgehoben wurde, für die Wahl unter den beiden silbenerhaltenden Aussprachen bestimmte Regeln nicht möglich sind, **so giebt es doch** für die Aussprache der weiblichen Endungen einige **wertvolle allgemeine Gesichtspunkte,** von denen ich folgende **hervorhebe.**

Bei den mit einer einfachen Liquida anlautenden weiblichen Endungen, denen eine vokalisch auslautende Silbe vorhergeht *(belle, madame, bonne, mère),* verbindet sich die Liquida sehr leicht mit dem vorhergehenden Vokal, daher man namentlich bei diesen Endungen einen Ausfall der Endsilbe infolge der **Aussprache** *bell(e), madam(e), bonn(e), mèr(e)* beobachten kann, worauf ich bei der Besprechung der Praxis des Théâtre-Français weiter unten zurückkomme. Wenn entgegengesetzten Falls bei diesen Endungen die weibliche Silbe für das Ohr erhalten wird, so beobachtet man, dass neben der verlängerten Vibration[1]) des zu ihr gehörigen konsonantischen

---

[1]) (lies: Artikulation).

Anlautes, noch eine Dehnung des Vokales der vorhergehenden Silbe eintritt. So hörte ich von Th. de Banville den Vers

    Pare de la langueur mourante du sommeil

so lesen, dass das *a* des Wortes *pare* eine bedeutende Dehnung erfuhr, die, verbunden mit der verlängerten Vibration des darauf folgenden *r*, dem Worte den Eindruck zweier Silben sicherte. Hiernach wird man begreifen, dass bei einer sorgfältigen Deklamation ein bedeutender Unterschied zwischen den Halbversen

    La *part* de mon ami...
    Je *pars*, mon cher ami...
    Je *pare* mon ami...

vorhanden ist.[1])

 Den soeben erwähnten weiblichen Endungen stehen andere gegenüber, die sich mit dem Ohre meist als besondere Silben erhalten. Unter ihnen ist besonders die Gruppe wichtig, deren konsonantischer Anlaut eine Liquida mit vorhergehender Muta ist, zu der also unter anderen die Endungen *-dre*, *-tre*, *-bre*, *-ble*, *-cre*, *-cle* (*prendre*, *votre*, *ombre*, *horrible*, *vaincre*, *oncle*) gehören. Diese Endungen bilden in der Aussprache immer eine besondere Silbe, da nur folgende Möglichkeiten vorliegen. Entweder man spricht das *e*, wie es meist geschieht, also: *vo-tre*, *horri-ble* oder *vo-tre*, *horri-ble*. Oder man lässt das *e* verstummen. Will man dies thun, ohne die Muta als Auslaut zum Vokal der vorhergehenden Silbe zu ziehen, so muss man einen wenn auch noch so schwachen *e*-Laut zwischen Muta und Liquida einschieben, also *ro-t.r*, *horri-b.l* sprechen, wo . den erwähnten schwachen *e*-Laut bezeichnet.[2]) Diese Aussprache war, obwohl sie dem eigentlichen Lautcharakter des Französischen weniger entspricht, ebenfalls, wenn auch vereinzelt, im Théâtre-Français zu hören. Will man das *e* verstummen lassen, indem man die Muta von der Liquida trennt und als Auslaut zum Vokal der vorhergehenden Silbe zieht, so muss die Liquida selbständig artikuliert werden, was nur durch eine Verlängerung ihrer Vibration zu erreichen ist, also *vot-r'*. Diese Aussprache habe ich nirgends beobachten können. In den beiden üblichen Aussprachen *vo-tre* und *vo-t.r* bildet aber, worauf es allein ankommt, die weibliche Endung im Vers eine Silbe.

---

 [1]) (*a* ist in allen drei Worten lang. S. J. Jäger, Die Quantität der betonten Vokale im Neufranzösischen. Heilbronn 1883 (Franz. Stud. IV, 2), S. 13 und 55. Bedeutend kann also der Unterschied in der Aussprache der angeführten Worte nicht sein; doch ist für *pare* eine besonders lange Artikulation von *a* und *r* einzuräumen).

 [2]) (Lubarsch meint mit seinem schwachen *e* offenbar das blosse Stimmgeräusch von *l*, *r*).

Anders liegt die Sache bei den Konsonantenverbindungen Liquida vor Muta *(forte)*, Muta vor *s* und *s* vor Muta *(fixe, funeste)*, Muta vor Muta *(respecte, compte)*, anlautende Liquida nach auslautender Liquida *(calme, arme)*, *s* oder *ch* nach auslautender Liquida *(comparse, marche)* u. a.: bei derartigen Endungen liegt an sich kein Hindernis vor, die weibliche Endung als Silbe völlig ausfallen zu lassen.

Einen bedeutenden Einfluss auf die Hörbarkeit des *e* einer weiblichen Endung übt endlich der konsonantische Anlaut des auf sie folgenden Wortes aus. Wenn derselbe dem konsonantischen Anlaut der weiblichen Endung gleich oder ähnlich lautet, so wird die Aussprache des weiblichen *e* oft geradezu notwendig, um die sonst in einen Laut aufgehenden Konsonanten auseinander zu halten. Dies war im Théâtre-Français sehr oft wahrzunehmen. So z. B. in Hamlet[1]):

Horatio (Baillet):
26. Songez, la *tête* tourne, un vertige glacé...

Le Spectre (Maubant):
31. En tout soit filiale et respec*te ta* mère...

Hamlet (Mounet-Sully):
71. Dans la piè*ce, ce* soir, sera représentée...
71. ...Ils vienn(e)nt tous. Allons! à no*tre dr*ame...

In Monsieur Scapin II, 22 stehen die Verse:
80. Ça, c'est un nom, monsieur! Perso*nne ne* s'y trompe,
Il semble, en le disant, qu'on so*nn(e)* de la trompe,

welche an gleichen Stellen im Verse gleiche weibliche Endungen, ja sogar gleiche ihnen vorangehende Silben aufweisen. Coquelin ainé sprach dieselben in der bereits von mir durch den Druck angegebenen Weise, d. h. im ersten Verse, in welchem auf die weibliche Silbe eine ihr gleiche Silbe folgt, war das bezügliche weibliche *e* hörbar, im zweiten, wo die folgende Silbe von der weiblichen Endung verschieden war, was das *e* stumm.

Das weibliche *e* im Innern des Verses scheidet stets zwei konsonantische Laute von einander, seinen eigenen konsonantischen Anlaut und denjenigen des ihm folgenden Wortes; diesem Umstande verdankt es zum grossen Teil seine Hörbarkeit. Dem weiblichen *e* am Schluss des Verses geht diese Eigentümlichkeit ab; die Stimme erlischt mit ihm in der Pause, die

---

[1]) Alexandre Dumas — Paul Meurice — **Hamlet**, prince de Danemark, wird zitiert nach der Ausgabe Paris, Calmann Lévy, 1886. — *Monsieur Scapin* par Jean Richepin, comédie en vers, wird zitiert nach der Ausgabe Paris, Maurice Dreyfous, 1883. Die Ziffern geben die Seitenzahl dieser Ausgaben an.

hinter dem Versschluss im allgemeinen eintritt, und es ist ihm daher von jeher immer nur eine halbe Hörbarkeit zugesprochen worden, von der heute so gut wie nichts übrig geblieben ist. In der That sei gleich hier vorweg bemerkt, dass das e am Versschluss in der Deklamation heute nicht mehr ausgesprochen wird. Dieses e werde ich daher ohne besondere Bezeichnung lassen.

Wenn bei Erörterungen über die Aussprache andere Einwände nicht zur Hand sind, so ist es neuerdings üblich geworden, das Gehör des über die Aussprache sich äussernden Schriftstellers zu verdächtigen, weil — einige Menschen auch unrichtig hören. Mit solchen Unterstellungen sollte man doch vorsichtiger sein, denn Leute, die falsch hören, verraten sich schliesslich meist dadurch, dass sie auf irgend welchem Punkte zu Auffassungen gelangen, die mit dem Urteil der Mehrheit in unvereinbarem Gegensatz stehen. Und die Mehrheit hört immer richtig. Selbst wer schwerer hört als andere, kann deswegen doch noch richtig hören, nur braucht er eine grössere Nähe zur Schallquelle: gerade wie es bekanntlich bedeutende Maler giebt, die kurzsichtig sind. Sonnenburg hat, um sich gegen den Einwand, er habe unrichtig gehört, zu schützen, seine Angaben über die Aussprache einem berühmten Schauspieler zur endgiltigen Beurteilung vorgelegt: ganz schützt auch das nicht. Denn ich habe es mehr als einmal erlebt, dass urteilsfähige Franzosen mir beispielsweise von einem Worte sagten, sie lesen bei demselben das *e* muet, während sie es in Wirklichkeit gar nicht thaten. Ich habe, wenn mir Verse vorgelesen wurden, einen einfachen Kunstgriff angewandt, um mein Gehör ab und zu zu kontrollieren. Las jemand z. B. das Wort *fatigue* ohne hörbares *e*, so las ich es ihm nachher mit hörbarem *e* vor und fragte ihn, ob es so richtig sei; verneinte er, so schwächte ich den *e*-Laut ab; war er damit noch nicht zufrieden, so liess ich das *e* vollständig verstummen und war nun sicher vorher richtig gehört zu haben; und umgekehrt machte ich es, wenn das *e* gelesen worden war.

Was ferner den Rhythmus des französischen Verses anbelangt, so setze ich ihn neben der Wiederkehr der bestimmten Silbenanzahl in die Art, in der betonte und unbetonte Silben im Innern des Verses zwar nicht regelmässig von Vers zu Vers, aber doch unter Wiederkehr gewisser harmonischer, für den Vers typischer Formen wechseln. Dabei gehe ich von der Annahme aus, dass der Ton der französischen Wörter auf ihrer letzten vollen Silbe ruht. Diese Annahme wird von der überwiegenden Mehrheit der französischen Sprachforscher geteilt; sie entspricht der geschichtlichen Entwickelung der Sprache und sie wird ferner durch den Umstand bestätigt, dass diejenigen französischen Schriftsteller, welche über Rhythmik des französischen Verses geschrieben haben, ihren Entwickelungen diese Art der Wortbetonung zu Grunde legen. Endlich wird diese Annahme noch dadurch gerechtfertigt, dass von französischer Seite selbst wiederholentlich Versuche gemacht worden sind, Verse mit regelmässig wiederkehrenden Betonungen einzuführen, und dass bei diesen Versuchen wiederum die letzte volle Silbe der Wörter als Tonträgerin angenommen wurde.[1]) Dieser Betonung der Endsilbe widerspricht es nicht, wenn zur besonders nachdrücklichen Hervorhebung einzelner Worte zuweilen der Accent verschoben wird. Denn wenn dies auch zeigt, dass der französische Wortaccent nicht so unverrückbar fest ist wie der deutsche, so zeigt es andererseits auch wieder, dass die Abweichung von der gewöhnlichen Betonung im Französischen ein Mittel ist, ein Wort vor anderen Worten besonders kenntlich zu machen. Dieses oratorische Mittel des Vortrages kann so angewendet werden, **dass die letzte Wortsilbe wirklich den Accent verliert und ihn an eine andere Silbe abgiebt.** Dies war z. B. bei dem Worte *beauté*, welches schon Diez als Beispiel für den accent d'appui anführt, im Théâtre-Français in folgenden Versen des Hamlet und des Monsieur Scapin sehr deutlich wahrzunehmen:

Polonius (Got):
43. Vous dire, ô ma ***beau***té: Je vous aime ardemment..

Ophélie:
64. Monseigneur! ...

Hamlet (Mounet-Sully):
Et ***beau***té!

Ophélie:
Que dit donc Votre Altesse?

Scapin (Coquelin aîné):
130. C'est ça, c'est d'être avec le printemps, la ***beau***té. (Sc.III, 13.)

In folgendem Verse trat diese Accentverschiebung bei einem dreisilbigen Worte ein:

---

[1]) Vergl. die schätzenswerte Abhandlung von K. Eduard Müller „Über accentuierend-metrische Verse in der französischen Sprache des XVI.—XIX. Jahrhunderts. Bonn 1882." Den von Müller besprochenen Versuchen kann man noch hinzufügen: „J. A. Ducondut, Essai de Rhythmique française. Paris, Michel Levy frères, 1856", ein Buch, welches 200 Seiten regelmässig accentuierter Verse enthält.

Hamlet:
85. Je *mon*trerai le fer, mais je le retiendrai. (H. III, 7, 5.)

Das Charakteristische für solche abweichende Betonungen besteht aber darin, dass sie nie ohne gleichzeitige starke Dehnung der durch sie hervorgehobenen Silbe vorkommen, was bei der regelmässigen Betonung nicht der Fall ist.

Die oratorische Betonung kann aber ferner auch so auftreten, dass die letzte Wortsilbe ihren Accent behält, so dass das betreffende Wort, wenn es, wie dies häufig der Fall ist, zweisilbig ist, unmittelbar hintereinander zwei Betonungen trägt, deren erste zugleich mit einer Dehnung der Silbe Hand in Hand geht. So z. B.:

Hamlet:
59. Un cœur mélancolique est facile à *damner*. (II. II, 5, 8.)

Scapin:
122. Vous faites cent fois pis, et vous *valez* moins qu'eux.
(Sc. III, 12.)[1]

Die in solchen Fällen auftretenden Accentfolgen sind den starken Tonsilbenstössen verwandt, die zuweilen durch zwei verschiedene Wörter im französischen Verse hervorgebracht werden, z. B. in dem Verse:

Sous l'onde étincelante on sentait leur *cœur battre*

aus dem Gedichte Hylas von Leconte de Lisle. Erwägt man ferner, dass die in Rede stehende Hervorhebung einer von der letzten verschiedenen Wortsilbe doch immer nur mit Mass verwendet wird, sowie dass die oratorische Dehnung bei denjenigen Wörtern, die nur aus einer vollen Silbe bestehen — und ihre Anzahl ist nicht gering — nur zu einer Verstärkung der gewöhnlichen Betonung dient, wie dies z. B: in dem Verse:

Florisel (Le Bargy):
23. Et vous remplir le cœur de sa *jeune* chanson (M. Sc. I, 6)

mit dem Worte *jeune* der Fall ist: erwägt man dies, so ist klar, dass die besprochene Erscheinung kein Hindernis ist, die Rhythmik des französischen Verses auf die Betonung der vollen Schlusssilben zu gründen. Freilich giebt es auch Leute, welche behaupten, die französischen Wörter seien nicht auf der letzten Silbe betont: für solche ist das Nachfolgende nicht geschrieben, denn vom diametral entgegengesetzten Standpunkte aus lässt sich

---

[1] (Der Verfasser versäumt, in den angeführten Beispielen Tonhöhe und Tonstärke zu scheiden).

nicht verhandeln. Zur Zeit ihres Erscheinens hatte meine Verslehre das sonderbare Schicksal, in einer bedeutenden Schulzeitschrift von einem Kritiker besprochen zu werden, der zu jener verschwindenden Minderheit zählte, welche Betonungen wie *Pa*ris, *jar*din, *ma*gasin, *ac*cent, *to*nique, je ne l'ai pas *en*core *en*tendu[1]) u. s. w. aus dem Französischen heraushört: er konnte es daher nicht unterlassen, unter Bemängelung der Äusserungen anderer Kritiker auf die Unvollkommenheit meines Gehörs hinzudeuten.

Nach diesen vorläufigen Bemerkungen über die beim Lesen französischer Verse in Frage kommenden Hauptpunkte lasse ich den Bericht über meine Unterredungen mit Ernest Legouvé, Th. de Banville und Leconte de Lisle folgen.

Legouvé hatte mich auf eine vorhergehende Anfrage wissen lassen, dass er täglich Mittags zu Hause sei und er mich zu dieser Zeit sehr gern empfangen werde. Ich traf aber den Tag, den ich wählte, insofern nicht günstig, als der berühmte Akademiker gerade anderweitigen Besuch hatte. Dennoch widmete er sich mir sogleich. Ich sagte ihm, dass ich auf Grund seines Buches „L'Art de la lecture" von ihm persönlich noch einige Aufklärungen über die Aussprache des e muet im Verse zu erhalten wünschte. Er antwortete, die Aussprache des e muet hänge von der Feinheit und dem Takt der Auffassung ab, weil sie eine Frage der Gattung (*question du genre*) sei. Dies wiederholte er nachdrücklich und fragte mich, ob ich ihn darin verstanden hätte. Ich bejahte und sagte, es komme mir nur auf die ernsteren Gattungen der Dichtung an, und ich möchte ihn bitten, mir selber einige Verse aus einem Drama vorzulesen. Ein deutscher Schulmann habe über die Aussprache des e muet im Théâtre-Français Aufzeichnungen gemacht und darnach unter Mithilfe eines berühmten Schauspielers dieses Theaters Leseregeln aufgestellt, nach welchen die Aussprache des e muet nur als Ausnahme erscheine. Legouvé fragte sofort nach dem Namen des Schauspielers, den ich natürlich nicht angeben konnte, da Sonnenburg ihn nicht genannt hat. Ich fragte Legouvé, ob er mir vielleicht einige Verse aus Hamlet vorlesen wolle, z. B. aus

---

[1]) Vgl. die zitierte Abhandlung von K. E. Müller, S. 5—7 und das Original des von Müller besprochenen Schulprogramms von T. Merkel, Prof. und Vorstand der höh. Bürgerschule zu Freiburg i. B. „Über den franz. Wortton" (1880). (Die von Lubarsch oben angezogene Rezension ist die J. F. Kränter's in der „Zschr. f. d. Gymn. W., XXXV, 746 ff., deren Verf. gerade für das Hauptverdienst von Lubarsch's Verslehre kein Verständnis zeigte und bei seiner Betonungsweise des Französischen auch nicht haben konnte).

dem berühmten Monolog des zweiten Aktes. Legouvé nahm das Exemplar, das ich mitgebracht hatte und las:

... Être ou n'être pas, c'est là la question.

Dann abbrechend sagte er: „Mais c'est horrible en français! Vous comprenez, c'est traduit littéralement de l'anglais „To be or not to be that is the question." L'acteur que peut-il faire? (Langsam und getragen deklamierend:)

„Être ou n'être pas, c'est là (Pause, dann schnell und die Silben der Worte verschluckend:) la question."

Il doit manger les mots „la question."

Auf meine Bitte, mir dann einige wenige Verse aus der Athalie vorzulesen, holte er ein Exemplar des Racine, hatte aber aus Versehen statt der Athalie den Britannicus gegriffen. Er schlug den Anfang auf, überging die Rede der Vertrauten (S. 1—5) und las mit schauspielerischem Pathos, wobei er unwillkürlich eine gebieterische Bewegung mit der Hand machte, von der Rede Agrippina's die Verse:

Albine, il ne faut pas s'éloigner un moment,
Je veux l'attendre ici: les chagrins qu'il me cause
M'occuperont assez tout le temps qu'il repose.
Tout ce que j'ai prédit n'est que trop assuré:
Contre Britannicus Néron s'est déclaré.
L'impatient Néron cesse de se contraindre.

Hier hielt er inne und sagte, ohne sich über das Wort *contre* zu äussern (offenbar weil bei diesem die weibliche Endung auch in der Umgangssprache eine Silbe für das Ohr bildet): „Sie sehen, ich lese *cesse* und nicht *cess(e)*, weil es sich hier um eine Person handelt, die würdevoll und majestätisch ist, und deren Ausdrucksweise sich hiernach richtet." Er betonte wieder, dass eine *question du genre* vorläge. Ich wollte, ehe ich ging, wenigstens noch an einer Einzelheit sehen, wie er die *question du genre* auffasse und legte ihm die in Sonnenburg's Schrift auf S. 22 mitgeteilten Verse aus der Athalie IV, 6

Courons, fuyons, retirons nous
A l'ombre salutaire ...

mit der Frage vor, ob man hier, wie es im Theater geschehe, die Bindung zwischen beiden Versen eintreten lassen solle. Er bejahte dies, und als ich fragte, ob man die Bindung auch unterlassen könne, antwortete er mit Nein. Schliesslich fragte er mich, ob ich ausser dem „Art de la lecture" seine neue Schrift

„La lecture en action"[1]) kenne, und als ich dies verneinen musste, verwies er mich auf dieselbe. Ich empfahl mich nun, da ich sah, dass seine Zeit noch von anderer Seite in Anspruch genommen wurde.

Ausführlicher konnte ich mich mit dem Dichter Th. de Banville unterhalten, der sich mir für eine bestimmte Zeit zur Verfügung stellte und mich in Anwesenheit seiner Frau an seinem Kamine empfing. Er hörte mich aufmerksam an und erklärte auf meine Frage nach der Aussprache des *e* muet im Verse, dasselbe müsse, wo es mitzähle, auch mitgelesen werden. Ich sagte ihm, dass darüber in Deutschland eine Diskussion entstanden sei, indem jemand eine Art Protokoll über die Aussprache im Théâtre-Français aufgenommen habe, auf Grund dessen er den Grundsatz aufgestellt habe, dass Verse wie Prosa zu lesen seien. Banville erklärte dies für unstatthaft und war auf meine Bitte bereit, mir als Probe, wie man Verse lesen müsse, sein Gedicht „Les Stalactites" vorzutragen. Da er sah, dass mein Exemplar mit zahlreichen Zeichen zur Erleichterung von Notizen versehen war, so liess er mir dasselbe und holte aus einem Nebenzimmer sein eigenes Exemplar. Während der wenigen Augenblicke seiner Abwesenheit wechselte ich einige Worte mit Mme de Banville, welche die Äusserung fallen liess „Il ne faut pas lire comme les comédiens." Nach seiner Rückkehr las Banville, der stark und stattlich gebaut ist, mit tiefer Bruststimme das Gedicht vor und ich folgte, indem ich mit dem Bleistift in der Hand Aufzeichnungen machte. Ich setze nun das Gedicht hier, indem ich zur Wiedergabe von Banville's Aussprache in betreff des *e* muet die bereits oben festgesetzten Bezeichnungen verwende, während die Betonungen durch kursiven Druck bezeichnet sind,

Les Stalactites.

Dans les *grott*'s sans *fin brill*^{n}t les *stalactites.*
Du *cyprès* gigantesque aux *fleurs* les plus petites,
Tout un *jardin* s'accroche au rocher spongieu*x*,
Lys de *glac*'s, roseaux, lian's, clématites.

5 Des *thyrses* pâlissants, bouquets prestigieu*x*,
Naiss'nt et leur *éclat* mystiq' divinise
Des *vill*'s de féerie au *rol* prodigieu*x*.

Voici les Alhambras où Grenade éternise
Son *trèfle pur;* voici les *palais* aux pla*fonds*
10 En *feu*, d'où *pendent clairs* les *lustres* de Venise.

---

[1]) (Ernest Legouvé, La Lecture en action. Paris, Hetzel, 1881. 8°. 3 frcs. Der Verf. benutzte die **9. Aufl.** [s. d.]).

Transparents et pen*sifs*, de grands *sphynx*, des gri*ff*ons
Projett°nt des re*gards longs* et mélancoliques
Sur des *dieux* monstrueux aux costume*s* bou*ff*ons.

Dans un *tendre* cri*stal* aux re*flets* mé**tall**iques
15   *M*ontent, ressusci*tant* le *rhyth*me essent*iel*,
Les cloche*tons* à *jour* des *sveltes* basi*liq*ues,

Et sous *l'*arbre sanglant et providenti*el*
De la *croix*, sont *éclos*, enamourés des *m*y*th*es,
Les vi*traux* où revi*t* tout le *peuple* du *ciel*.

20 Sta*lactites* tom**bant** des *voût's*, stalagmites
Montant du *sol*, partout les orgu*eilleux* gla*ç*ons
Argent°nt de splend*eurs* l'horizon sans limites.

Ba**bels** de diamants où *cour*'nt des frissons,
Co*lonn's à* des *dieux* inco*nnus* dédiées.
25   Souter**rains** éblouis, miracul*eux* buissons,

Tout frémit: cent lueurs baignent, irradiées,
Les coupol(e)s qui *sont* pareilles à des *cieux*.
Pour*tant* c'est le destin, *voût*°s incendiées.

Le *v*oya*geur*, ravi dans ce *lieu* préc*ieux*,
30 Et *s*achant qu'un' *nymph*e au*guste* est son hô*tesse*,
Par*fois* sur vos trésors lève nn œïl souci*eux*.

Quel *trouble* appesan*ti* sur *leur* délica*tesse*
Par' de la langueur mourante du *sommeil*
Ces merveill°s du *rêve*, et d'*où* vient leur tristesse.

35 Hélas! l'ar*dent* soleil de *Dieu*, le *vrai* so*leil*
Ne les éclair' pas de son *regard* propice,
Et fait voler plus haut ses *flèch's d'or* vermeil.

Sous un *mont* que jamais le *lierr*' ne tapisse,
Vit cet enchantement qui *tremb*le au *son* du *cor*,
40 Gardé par la caverne et par le précipice.

*M*ais (chèr' *nym*phe, ô *M*use inassou*vi*e encor,
Que devanc' le chœur ailé des *M*étaphores)
Pour installer ce rare et flamboyant décor

Sous ces blancs chapiteaux et ces arceaux sonores
45 Où les métaux ont mis leur charme et leurs poisons,
Il a fallu les pleurs des Soirs et des Aurores.

Car, toi pour*qui* le roc orna ces floraisons
De ros' de safran et d'azur constellées,
Tu le sais, Poésie, ange de nos raisons,

50   Ces capric's di*vins* sont des *l*armes gelées!

wie es meine Bezeichnungen andeuten.

In Banville's Vortrag wirkten sämtliche weibliche Endungen silbenbildend und zwar eine beträchtliche Anzahl unter Verstummung des *e* nur durch verlängerte Vibration ihres konsonantischen Anlautes. Oft aber trat nicht einmal letztere ein, sondern statt ihrer wurde vom Vorleser ein leichte Pause, ein halber Ruhepunkt der Stimme hinter der der weiblichen Endung vorhergehenden Wortsilbe als Übergang zum Anfang des neuen Wortes eingeschaltet. Bezeichnet : einen derartigen Ruhepunkt, so wurde auf diese Weise der Halbvers

Dans les *grott :* sans fin

sechssilbig, während er ohne dieselbe fünfsilbig

Dans les *grott* sans fin

gelautet hätte. Dieses Vortragsmittel setzt den, der es zum ersten Mal anwenden hört, zunächst in nicht geringe Verlegenheit, bis er sich des Vorganges bewusst wird: denn er sagt sich, die Silbe wurde nicht gesprochen und sie war doch vorhanden! Es ist dies jenes Vortragsmittel, welches durch ein von K. E. Müller[1]) hervorgehobenes Zitat Marmontel's treffend gekennzeichnet wird: „Parmi les temps du vers, peuvent être comptés les petits silences de la récitation; et c'est un des moyens qu'emploient les bons lecteurs, même sans s'en apercevoir, pour donner à nos vers une marche nombreuse." Ich habe die Fälle, in denen Banville in der geschilderten Weise die weiblichen Endungen zur Geltung brachte, von denen, in welchen er eine verlängerte Vibration des konsonantischen Anlautes oder eine Dehnung der vorhergehenden Silbe zu Hilfe nahm, begreiflicher Weise nicht streng sondern können. Alle diese Mittel traten übrigens, wie man bemerken wird, vorzugsweise bei denjenigen Silben ein, welche mit einer einfachen Liquida oder mit *s (c)* anlauteten. Aber viel bemerkenswerter als die Art, das *e* muet zur Geltung zu bringen, erschien mir in Banville's Art zu lesen folgendes. Der Dichter setzte in seinem Vortrag alle Verssilben sehr bestimmt und gleichmässig von einander ab; die Tonsilben traten deutlich, doch ohne Schärfe, ohne stärkere Satzaccente erkennen zu lassen, derart hervor, dass zwischen ihnen und den unbetonten Silben der Rhythmus vernehmlich auf- und abwogte. Oratorische Accente kamen gar nicht vor, und überhaupt wirkte der Inhalt des Gedichtes auf den Ausdruck im Vortrag verhältnismässig wenig ein. Hinter jedem Verse trat eine leichte Pause ein, so dass das Gedicht für das Ohr deutlich in gleich lange Silbenreihen zerfiel und die Cäsur machte sich ohne Pause durch die in der Versmitte wiederkehrende Betonung bemerkbar, ohne dass deswegen diese Betonung im Vortrag besonders verstärkt

---

[1]) S. 53 der Müller'schen Abhandlung.

wurde. Durch alles dies erhielt die Bewegung des Verses ein einschmeichelndes und musikalisches Element. Die ganze Vortragsweise erfolgte in leidenschaftslosem und langsamem Tempo.

So, sagte mir Banuville, habe auch Victor Hugo gelesen, und sie beide seien darüber einig gewesen, dass es so sein müsse. Es sei dies eigentlich eine sehr einfache Weise, Verse zu lesen. Die Schauspieler hätten zwar gesagt, Victor Hugo läse schlecht, sie beide aber — und hier ging ein feines Lächeln über Banville's Gesicht — wären der Ansicht gewesen, die Schauspieler verstünden nichts davon. Man müsse nicht so lesen wie die Schauspieler; diese läsen nur nach dem Sinn und der Interpunktion und vernichteten dadurch den Rhythmus. Man könne in dieser Hinsicht an eine Eigentümlichkeit des alten Firmin Didot, des Begründers der berühmten Verlagsfirma, erinnern. Didot habe im Druck der von ihm verlegten Werke jede nicht unumgängliche notwendige Interpunktion unterlassen, in der Meinung, was klar ausgedrückt sei, bedürfe keiner Interpunktion. Und so, meinte Banville, sei es auch beim Vortrag der Verse zu halten. Ich fragte nun, ob der Rhythmus des französischen Verses ausser im Reim auch im Wechsel voller und leichter, betonter und unbetonter Silben zu suchen sei, was vom Dichter bejaht wurde. Dann bemerkte ich, auch Legouvé fordere in seinem Buche „L'Art de la lecture" beim Vortrag der Verse die Aussprache der weiblichen Endungen und die Wahrung des Rhythmus. Banville antwortete, Legouvé gelte zwar für einen grossen Vorleser, trotzdem könne man sich nicht nach ihm als Muster richten. Ich fragte, ob irgendwo in Paris deklamatorische Vorträge gehalten würden, und ob auf den höheren Schulen diese Kunst gepflegt werde. Banville erwiderte, dass solche Vorträge meist wieder nur von Schauspielern veranstaltet würden; nur einmal monatlich, wie er glaube, würden an der Sorbonne im Saal für öffentliche Vorträge von Dichtern eigene Verse vorgetragen. Auf den höheren Schulen gäbe es jetzt einen Unterricht in der Deklamation, aber auch dieser läge in den Händen der Schauspieler, die namentlich ihre Themata (sujets) schlecht wählten. Ich bat Banville schliesslich noch, mir sein merkwürdiges Gedicht „Élégie" vorzulesen, in welchem männliche Endungen mit weiblichen gereimt werden.[1]) Auch hierauf ging er mit bereitwilliger Liebenswürdigkeit ein. Der Redaktionssekretär einer bekannten Pariser Wochenschrift, ein

---

[1]) L. 280 f.

Liebhaber der Dichtkunst, aber eifriger Anhänger der **alten** Schule, hatte, als ich ihm das Gedicht zeigte, geäussert:

„Tombez dans mon cœur, souvenir confus,
Du haut des branches touffues!"

„Mais voyez comme cet homme ne **sait pas** sa propre langue. Il veut rimer *confus* avec *touffu-es,* une **brève avec** une longue!"

Ich war nun begierig zu hören, **ob** Banville den Unterschied der männlichen und weiblichen Endungen etwas hervortreten lassen **werde,** indem er sich mit etwas unvollkommeneren Reimen **für das Ohr** begnügte. Dies war nicht **der** Fall, Banville **las so, dass die Reime** völlig stimmten, und **zwar** büssten die weiblichen **die Dehnung** ein. Da ich auch bei **diesem** Gedichte Aufzeichnungen **machte,** so lasse ich es unter Berücksichtigung derselben **folgen:**

Élégie.

Tom*bez* dans mon *cœur*, **souv*enirs* con*fus*,
Du *haut* des *branch*ᵉs **touf*fues*.**

Oh! *parlez*-moi d'*elle*, ant*r*ᵉs͡ et **ro*chers*,**
Re*trait's*͡ à *tous* cachées!

5 *Parlez, parlez d'elle*, ô sen*tiers* fleu*ris*!
Bois, ruis*seaux*, **ver*tes*** prai*ries*!

O *charmes*͡ *amers!* dans ce *frais* **dé*cor***
Ell' m'apparaît encore.

C'est *elle*, ô mon *cœur!* sur *ces* gazons ***verts***
10 Au mi*lieu* des prim'*vères*!

Je *vois* s'en*voler* ses *fins* **che*veux* d'*or*.**
Au *zéphyr* qui les **a*dore*,**

Et *notre* aman*dier couvr*(e) son beau ***cou***
Des *blanch*ᵉs *fleurs* qu'il secoue!

15 Sur mon *bras* frémit son *bras* in*génu*,
Et frissonn' sa main *nue*.

Le feu*illage* est *noir*, le *ciel* étoi*lé*,
Viens, suivons la *noire* al*lée*!

La *bell'*-de-*nuit* s'ouvre toute **en** *feu*,
20 La *voûte* du *ciel* est *bleue*.

Écoutez, ma *mie*, au *coin* du **vieux *mur*,**
Le rossi*gnol* qui murmure.

Chante ta chanson, ô *doux* **ros*signol*!**
Ta chan*son* qui nous **con*sole*,**

25 *Et* que pour toi *seule*, à côté du *lys*,
La rose *ouvre* son calice!

Des *yeux* tant aimés *tombe* un divin *pleur*
Sur ma *temp'* qu'il ef*fleure*.

30
  O *larme* d'amour, trésor sans *pareil!*
  *Dit*es-*moi* si je *sommeille?*

  Qui t'envoie, *hélas!* *charmant* souvenir,
  Briser mon *cœur* qui soupire?

  Hélas! je suis *seul* dans ces *bois épars*
  Où résonnaient les guitares.

35
  Une illusion, *songe* évanoui,
  Charmait mon âme éblouie.

  Je *fatigu' seul* le *flot* de *cristal,*
  L'herbe où la fleur *d'or s'étale,*

  L'antre et la fontaine où *croît* le glaïeul,
40
  Et ma *voix fatigu' seule*

  La forêt trem*blante* et l'a*zur* du *lac*
  De ma *plainte* élégiaque!

  Banville las wieder in derselben Weise, wie er „Les Stalactites" gelesen hatte. In Vers 3 und 5 trat bei dem Wort *parlez* eine oratorische Accentverschiebung ein. Bei dem Wort *fatigue* in Vers 40 ersetzte er die weibliche Silbe durch eine leichte Pause, was ich in der auf S. 17 angegebenen Weise kontrollierte. Banville sagte, es sei ein Einfall von ihm gewesen, solche Verse zu machen; später hätte auch Catulle Mendès sich darin versucht. Die Methode sei aber keiner Verallgemeinerung fähig, weil es nicht viel Wörter gäbe, die sich zu solchen Reimen eigneten. Ich bemerkte, es seien dies solche Wörter, die keinen hörbaren Konsonanten vor dem weiblichen *e* enthielten. „Fast nur solche", fügte der Dichter bestätigend hinzu.

  Damit schloss meine Unterredung mit Banville. Ich hatte den Eindruck, dass Banville's und also auch Victor Hugo's Vortragsweise der französischen Verse den denkbar stärksten Gegensatz gegen die Vortragsweise der Prosa bildete. Durch diese Vortragsweise erschien mir ferner die Einführung des Enjambement und die Abschaffung der Inversion seitens der Romantiker in gegenseitiger Abhängigkeit von einander. Denn da die Dichter trotz des Enjambement die Pause am Versschluss rhythmisch markieren, so erfordert die Einführung des Enjambement zugleich die Abschaffung der Inversion, wenn der Inhalt der Verse beim Vortrag deutlich bleiben soll. Endlich scheint es mir nicht zweifelhaft, dass Legouvé's bereits (S. 6) mitgeteilte Anspielungen auf das öffentliche Lesen von Versen seitens derjenigen dem Schauspielerstande nicht angehörigen Liebhaber, welche beim Lesen nur die Harmonie hervorheben wollen, auf eine Übertreibung der von Victor Hugo ausgehenden Manier hinzielen.

  Leconte de Lisle empfing mich in der Senatsbibliothek des Palais Luxembourg, wo er, als ich zu ihm geführt wurde, in einer Fensternische eine illustrierte Naturgeschichte vor sich aufgeschlagen hatte, was für diejenigen, welche des berühmten Dichters Schilderungen aus dem Tierleben kennen (*Le Sommeil du condor*, *La Panthère noire*, *Le Jaguar* u. s. w.), nicht ohne Interesse sein dürfte. Nach einer Unterhaltung über die in Frankreich sonst seltene objektive Schilderungsart der Gedichte Leconte's, bei der der Künstler hinter seinem Werke verschwinde, sagte ich dem Dichter, dass mich diese Art der Darstellung zu einem Bewunderer seiner Werke gemacht hätte, dass aber das, was mich heute zu ihm führe, nur eine Frage der Form sei. Ich hätte als Lehrer des Französischen an einem deutschen Gymnasium meine Schüler bei öffentlichen Schulfeierlichkeiten Gedichte von ihm deklamieren lassen, und ich wünschte festzustellen, ob ich bei diesen Deklamationen richtig habe aussprechen lassen. Ich wünschte daher zunächst von ihm zu erfahren, ob man in seinen Versen die weiblichen Silben mitlesen solle, selbstverständlich unter Ausschluss einer schwerfälligen Aussprache. Er antwortete: „Sie sind **immer** mitzulesen; wer anders liest, macht Prosa aus dem Vers." „Und wie," fragte ich, „ist es mit dem e feminin am Ende der Verse zu halten?" „Am Ende ist es nicht mitzulesen, dort ist es vollständig Null (*absolument nul)*" lautete seine Antwort. Ich sagte, dass ich immer demgemäss beim Lesen verfahren sei, dass man aber jüngst mit Berufung auf die französischen Schauspieler in Deutschland das Gegenteil behauptet habe. Er sagte, die Schauspieler spielten und läsen nicht, was einen bedeutenden Unterschied ausmache, da man z. B. beim Lesen keine Gebärden machen dürfe. Die Schauspieler verstünden daher nicht viel von der Sache, dennoch machten selbst sie einen Unterschied zwischen lyrischen und dramatischen Versen. Ich sagte, dass ich in der That im Theater bemerkt hätte, dass an lyrischen und anderen pathetischen Stellen, z. B. in Monsieur Seapin bei bei der Liebeserklärung Florisel's auch der schauspielerische Vortrag das *e* muet und den Versrhythmus mehr als sonst berücksichtige, eine Beobachtung, deren Richtigkeit Leconte bestätigte. Ich legte ihm nun die Frage vor, ob er den Rhythmus des französischen Verses ausser in der bestimmten Silbenanzahl auch noch in dem Wechsel betonter und unbetonter Silben erblicke. Er sagte: „Sie im Deutschen haben eine Art kurzer und langer Silben und eine darauf fussende Prosodie. Das haben wir im Französischen nicht; und doch haben wir es, ohne es zu wissen (Nous n'en avons pas et — nous en avons *malgré nous!*). Aber das ist etwas, was sich nicht in Regeln bringen lässt, da es von dem Gefühl des Dichters für Harmonie abhängt und von ihm unbewusst abhängt." Ich sagte, dass ich wohl wisse, dass dieser Rhythmus ein unregelmässig von Vers zu Vers wechselnder sei, und ich bat ihn um die Erlaubnis, ein paar Verse vorlesen zu dürfen, um festzustellen, ob ich richtig betone. Er willigte gern ein, und ich wählte aus den Poèmes barbares die Strophe, in der Kain mit seinem Schöpfer hadert, die ich, wie folgt, vortrug:

> Dieu triste, Dieu jaloux qui dérob's ta face,
> Dieu qui mentais, disant que ton œuvre était bon
> Mon souffle, ô Pétrisseur de l'antique limon.
> Un jour redressera ta victim' vivace.
> Tu lui diras: Adore! Elle répondra: Non!

Ich las mit leidenschaftlicher, wenn auch verhaltener Stimme und liess die Tonsilben stark hervortreten, natürlich unter Wahrung des weichen und vollen Klanges der bezüglichen französischen Endungen und ohne nach ihnen das Metrum abzuhacken, was letzteres ja auch im Deutschen nicht sein darf. Die in der Cäsur stehende Tonsilbe wurde von mir durch etwas stärkere Betonung ohne merkliche darauf folgende Pause (mit Ausnahme des letzten Verses) hervorgehoben und jedes Versende durch eine leichte Pause deutlich markiert. Im letzten Verse liess ich zur Milderung des Tonsilbenstosses, doch ohne denselben ganz aufzuheben, eine oratorische Dehnung der vorletzten Silbe des Wortes *répondra* eintreten. Die einzelnen Teile der ganzen Satzperiode der Strophe wurden mit ziemlich gleichmässiger Geschwindigkeit von mir gesprochen, nur die beiden Nebensätze, welche die letzten Halbverse des ersten und zweiten Verses bilden, erhielten ein etwas beschleunigteres Tempo.

Leconte de Lisle sprach mit dieser Art zu lesen seine völlige Übereinstimmung in anerkennender Weise aus und bemerkte insbesondere, dass ich die e muets gut aussprüche ohne sie zu sehr hervortreten zu lassen (sans les appuyer trop). Als einen für die Deklamation französischer Verse wichtigen Punkt stellte er hin, dass man diejenigen Wörter beim Vortrag hervorzuheben habe, welche die vornehmsten Träger des dichterischen Bildes oder Gedankens seien, worin ihm ein anderer Herr beipflichtete, der während unseres Gespräches sich genähert hatte und demselben mit sichtlicher Teilnahme folgte. Ich machte nun L. de Lisle noch einmal darauf aufmerksam, wie sehr es mir als Lehrer darauf ankomme, die Richtigkeit meiner Art Verse zu lesen, durch ihn kontrollieren zu lassen, und las ihm mit seiner Zustimmung noch folgende Strophe aus dem Gedichte Le Bernica vor, da ich gerade dieses in Deutschland hätte deklamieren lassen.

> La liane y suspend dans l'*air* ses *belles cloches*
> Où les fr*elons*, gorgés de *miel, dorm*ent blott*is;*
> Un rid*eau* d'aloès en dé*fend* les *approches;*
> Et l'eau *rive* qui *germe* aux fissures des *roches*
> Y fait tin*ter* l'*écho* de son *clair* cliqu*etis.*

Auch hier hob ich die Tonsilben stark hervor, die Wörter *dorment, vive, fissures* wurden, wenn auch nicht stark, oratorisch hervorgehoben, der letzte Vers wurde in beschleunigtem, hüpfendem Tempo gesprochen. Im zweiten Verse trug die Endsilbe des Wortes *gorgés* einen leichten Accent, der aber der sonstigen Stärke der Cäsurbetonung nicht entsprach. Leconte de Lisle verbesserte die Aussprache von *liane*, bei der ich die Vokalverbindung *ia* nicht deutlich genug in zwei Silben zerlegt hatte, in *li-ane* und billigte sonst nochmals die Art des Vortrages. Ich las ihm darauf den zweiten Vers der Strophe, der ein Beispiel für den in meiner Verslehre mit 4 + 4 + 4 bezeichneten Alexandriner der romantischen Schule bietet, nochmals vor und knüpfte daran die Frage, ob er damit einverstanden sei, dass ich den Vers durch die Betonung beim Lesen in drei Gruppen von je vier Silben zerlege. Er fand diese Zerlegung richtig. Um nun noch seine Meinung über das Enjambement zu hören, suchte ich in den Poèmes barbares nach dem ersten besten und traf die Verse

> Le pied de l'infidèle appuyé *sur la nuque*
> *Des vaillants*, le saint temple où priaient les aïeux.

Diese Verse las ich so, dass trotz des Enjambement der Schluss des ersten durch einen wenn auch leichten Ruhepunkt deutlich markiert wurde, die beiden Verse also trotz der engen syntaktischen Verbindung von einander getrennt wurden, und fragte dann den Dichter, ob er diese Art, das Enjambement zu lesen, für richtig halte. Er erklärte sie für richtig und fügte hinzu, das Enjambement sei so zu lesen, dass es den Reim nicht unterbinde. Am Schluss der Unterhaltung sagte ich, er werde bemerkt haben, dass ich seine Ansichten über den Vortrag der französischen Verse bereits teilte, ehe ich zu ihm kam; dass ich aber für die Berechtigung meiner Ansichten einer Autorität bedurft hätte, da mein Name nichts bedeute, und dass ich glücklich sei, mitteilen zu können, wie ein französischer Dichter seine Verse für das Ohr berechne. Er stimmte mir bei, indem er nochmals ausdrücklich missbilligte, dass man Verse wie Prosa lesen wolle. Da mir hierbei zufällig Banville's Äusserung über die Interpunktion einfiel, so äusserte ich: „Man soll also beim Lesen der Verse nicht interpunktieren," worauf L. de Lisle mit den Worten einfiel: „Das ist der Punkt, auf den es ankommt."

Die vorliegende Schrift war genau bis hierher gediehen, als ich Legouvé's „La lecture en action" erhielt, in welcher ich wieder auf die Hereinziehung der Interpunktion traf, so dass die Stellungnahme zu diesem Begriff beim Lesen der Verse in Frankreich zu einem Prüfstein für die streitenden Parteien geworden zu sein scheint. Das neue Buch Legouvé's enthält sehr viel Interessantes über diejenigen Teile der Kunst zu lesen, welche über den rein technischen Teil hinausgehend es mit dem Verständnis für den Inhalt der vorgetragenen prosaischen oder poetischen Stücke zu thun haben und daher auch für andere Sprachen als das Französische mehr oder minder Giltigkeit besitzen. Für die uns beschäftigende Frage nach dem Lesen der französischen Verse enthält es nicht viele, dafür aber desto wichtigere Bemerkungen, auf die ich Bezug nehmen muss und die ich daher im folgenden zusammenstelle.

I. 1) Als erste und in die Augen springende Regel für das Lesen der Prosa wie der Poesie stellt Legouvé die Regel von der Beobachtung der Interpunktion *(la règle de la ponctuation)* auf. „*Ponctuer en lisant, c'est décalquer la phrase*" (S. 42). *La ponctuation est la lumière de la diction* (S. 10). Denn das Interpunktieren beim Lesen schützt die Stimme vor Ermüdung: „*Qui ponctue, se repose.*" Aus diesem Grunde verhütet es Mängel in der Aussprache und Artikulation, die von einer gewissen Schwäche der artikulierenden Muskeln herrühren, deren Schlaffheit den Leser verhindert, jedes Wort deutlich auszumeisseln. Da ferner die Interpunktion die Wörter des Satzes entweder isoliert oder in kleinere Gruppen zusammenfasst, so kann der Leser seine Bemühungen auf jede derselben einzeln konzentrieren und daher wiederum leichter und deutlicher aussprechen (S. 43 und 44).

2) Gut Lesen bedeutet aber auch den Worten die richtige Tonfärbung geben (Bien lire, c'est faire tomber sur les mots l'intonation juste), wozu die blosse Beobachtung der Interpunktion im allgemeinen nichts beitragen kann, weil die Interpunktionszeichen den Satz zwar zeichnen, aber nicht seine Musik wiedergeben. Indessen bei dem Ausrufungs- und bei dem Fragezeichen ist selbst dies der Fall. Den Ausruf giebt nämlich nach Legouvé jeder Mensch immer mit demselben dem einzelnen eigentümlichen Tone wieder. Bei jeder Frage aber entspricht der Ton des ersten betonten Wortes demjenigen des zuletzt betonten derart, dass beide Töne entweder vollkommen identisch sind, d. h. dieselbe Note tragen, oder dass der eine Teil die Oktave des anderen ist. Als Beispiel giebt L. den Satz:

Croyez-vous que je sois votre dupe? bei welchem völlige Gleichheit der erwähnten Noten der ruhigen Empfindung entspricht, während der aufsteigende Satz — in welchem also *dupe* die nächst höhere Oktave von *vous* ist — ein Gefühl der Ungeduld und des Zornes, der absteigende Satz hingegen den Ausdruck der Verachtung wiedergiebt (S. 45—48).

3) Das Gesetzbuch der Interpunktion ist kein absolutes, es ist ein anderes je nach der Epoche, der der Schriftsteller, und je nach der Gattung, der das Werk angehört. Insbesondere interpunktiert man im Verse anders als in der Prosa. — Legouvé, S. 50 und 51, 56 und 57.

II. Die Leseregeln wechseln mit den Regeln der Dichtkunst (S. 108), und da Victor Hugo den Bau des französischen Alexandriners vollständig umgestürzt hat — wobei Legouvé bedauert, dass der genannte Dichter nicht gleichzeitig die Hiatusregel „*une règle, la plus absurde de toutes*" beseitigt hat (S. 110 und 109) —, so folge, dass der moderne Vers anders gelesen werden müsse als der klassische: *A poésie nouvelle, diction nouvelle* (S. 122).

III. Die grosse und allgemeine Harmonie des klassischen Alexandriners besteht in der Regelmässigkeit des Rhythmus, welche durch das methodische Auf- und Absteigen *(le balancement méthodique)* der beiden Halbverse, durch die genaue Beobachtung der Cäsur nach der sechsten Silbe und durch die mit Eleganz der Wendungen vereinte Richtigkeit der bezeichnenden Ausdrücke *(la justesse des termes unie à l'élégance des tours)* herbeigeführt wird (S. 112). Die (S. 111) als Beispiel hierfür angeführten Verse aus Boileau's Art poétique müssten daher mit derselben Korrektheit gelesen werden, mit der sie geschrieben sind; in ihrem Vortrag muss alles abgewogen, scharf, klar und im Gleichgewicht sein (S. 112).

IV. 1) In dem modernen Alexandriner tritt nicht etwa bloss das Enjambement und die Aufhebung der Cäsur zu den Eigenschaften des klassischen Verses hinzu, nein, sein Wesen besteht in dem Enjambement überall, und in der Cäsur überall; der Vers gliedert sich syntaktisch *(se coupe)* bald nach der zweiten, bald nach der dritten, vierten oder fünften Silbe, bald wie früher nach der sechsten. Sein erstes Gesetz ist also: Freie Anordnung der Worte innerhalb des Rahmens der zwölf Silben (S. 114).

2) Da dem Dichter nunmehr die elf ersten Silben des Alexandriners völlig frei gegeben sind, so muss er in der

zwölften **Silbe** sich einer unerbittlichen Regel unterwerfen. Daher billigt Legouvé das zweite **Gesetz** des modernen **Verses: Reicher Reim** ohne **Ausnahme,** für welches Legouvé die **paradoxe Form** zitiert, **unter der es** Banville in seinem **Petit traité de** versification (S. 224) **aufstellt** *(Sans consonne d'appui, pas de rhythme, par conséquent, pas de poésie).* L. S. 115.

3) In der regellosen Folge von **syntaktisch** ganz verschiedenartig gegliederten **Versen muss von Zeit zu Zeit als Ruhepunkt** der Periode ein aus **einem Stücke gegossener grosser Vers** erscheinen, **daher das dritte Gesetz:** *Jaillissement de temps en temps, d'un grand vers qui sert de base à toute la période* (S. 116).

Um **dies** verständlich zu machen, **lasse ich nachstehend das Stück aus** Victor Hugo **folgen, welches** Legouvé **seinen Betrachtungen voranstellt, indem ich die Verse, die Legouvé** später (S. 119) als *grands vers jaillis* **bezeichnet hat, durch den Druck hervorhebe:**

Legouvé, S. 112—114.

Quand je sortis du collège, du thème,
Des vers latins, farouche, espèce d'enfant **blême**
Et grave, au front penchant, aux membres appauvris;
Quand, tâchant de comprendre et de juger, j'ouvris
Les yeux sur la nature et sur l'art, l'idiome,
Peuple et noblesse, était l'image du royaume;
La poésie était la monarchie; un mot
Était un duc et pair, ou n'était qu'un grimaud;
Les syllabes, pas plus que Paris et que Londre.
Ne se mêlaient; ainsi marchaient sans se confondre
Piétons et cavaliers traversant le pont Neuf;
La langue était l'État avant quatre-vingt-neuf!
Les mots, bien ou mal nés, vivaient parqués en castes;
**Les uns, nobles, hantant les Phèdres, les Jocastes,
Les Méropes,** ayant le décorum pour loi,
Et montant à Versaille aux carrosses du roi!
Les autres, tas de gueux, drôles patibulaires,
Habitaient les patois: quelques-uns aux galères
Dans l'argot; dévonés à tous les genres bas,
Déchirés en haillons dans les halles; sans bas,
Sans perruque; créés pour la prose et la farce;
Populace du style au fond de l'ombre éparse;
Vilains, rustres, croquants, que Vaugelas leur chef
Dans le bagne lexique avait marqué d'un F;
N'exprimant que la vie abjecte et familière,
Vils, dégradés, flétris, bourgeois, bons pour Molière,
Racine **regardait** ces marands de travers
Si **Corneille en** trouvait un blotti dans ses vers.
Il le gardait, trop grand pour dire: Qu'il s'en aille:
Et Voltaire criait. Corneille s'encanaille?
Le bonhomme Corneille, humble, se tenait coi.
Alors, brigand, je vins; je m'écriai: Pourquoi

Ceux-ci toujours devant, ceux-là toujours derrière?
Et sur l'Académie, aïeule et douairière,
Cachant sous ses jupons les tropes effarés,
Et sur les bataillons d'alexandrins carrés,
Je fis souffler un vent révolutionnaire.
Je mis un bonnet rouge au vieux dictionnaire.
Plus de mot sénateur, plus de mot roturier!
Je fis une tempête au fond de l'encrier,
Et je mêlai, parmi les ombres débordées,
Au peuple noir des mots, l'essaim blanc des idées;
Et je dis: Pas un mot où l'idée au vol pur
Ne puisse se poser tout humide d'azur!

Man sieht, der erste „grosse" Vers schliesst den Gedanken ab, dass der in der klassischen Dichtung beobachtete Unterschied der Worte der früheren strengen Ständegliederung entsprach. In dem zweiten findet die Schilderung der litteraturfähigen, in dem dritten die der von der Dichtung ausgeschlossenen Worte ihren treffendsten Ausdruck. Der vierte Vers ist die Verdichtung der von Victor Hugo herbeigeführten Umwälzung und der Schluss die poetische Verkündung der Gleichberechtigung aller Worte. Und man beachte ferner wohl: Alle diese grands vers jaillis tragen eine starke rhythmische Betonung auf der sechsten Silbe! Die Forderung der grands vers jaillis rührt von Banville her, auf den sie Legouvé unter Anführung folgender Stelle aus dem Petit traité gründet:

(Legouvé, S. 116). „Les mots courts appellent des mots longs, qui à leur tour appellent des mots courts; cette combinaison produit l'harmonie, et les vers librement coupés doivent nécessairement se reposer de temps en temps sur un *grand vers jailli* tout d'une pièce, qui hardiment frappe du pied la terre et s'envole."

4) Die an dieser Stelle von Banville aufgestellte Forderung einer die Harmonie des Verses bedingenden Kombination kurzer und langer Worte wird von Legouvé nicht besonders als ein Hauptpunkt der modernen Prosodie aufgestellt, obwohl er sie bei den sogleich folgenden Leseregeln freilich auch nur sehr unbestimmt berührt. Der Grund ist offenbar der, weil man nicht recht weiss, was sich Banville als das Wesen dieser Kombination denkt. Ich glaube, dass ihm dabei der durch die Betonungen und die Quantität hervorgerufene Rhythmus unbewusst vorgeschwebt hat.

V. Den vier Gesetzen der modernen Prosodie entsprechen nun die vier Leseregeln:

1) Die Cäsur, d. h. die in jedem Alexandriner vorhandene besonders hervorragende syntaktische

Pause[1]) ist beim Vortrag nicht stehend in die sechste Silbe zu verlegen, sondern der Freiheit des Rhythmus Rechnung tragend jedesmal in die Stelle, an der sie der Vers in Wirklichkeit trägt.

2) Man muss den Reim unter allen Umständen selbst gegen die Gesetze der Syntax durch eine Pause am Versschluss zur Geltung bringen, da er die goldene Spange ist, welche unaufhörlich die wehenden Falten wieder aufnimmt, die der poetische Satz, vergleichbar einem fortwährend abfallen wollenden Mantel, schlägt.

3) Über die grands vers jaillis hat sich die Stimme des Lesers ausgiebig zu verbreiten.

4) Die Kombination kurzer und langer Worte ist im Vortrag *(diction)* zur Geltung zu bringen.

Wie man sieht, entspricht der Unklarheit der vierten Versregel auch die auf sie bezügliche Leseregel. Die erste und zweite Leseregel erläutert Legouvé folgendermassen:

Legouvé, S. 117—119.

Victor Hugo nous offre à chaque vers la demonstration de cette règle:

> Quand, tâchant de comprendre et de juger, j'ouvris
> Les yeux sur la nature, et sur l'art, l'idiome, etc.

La syntaxe grammaticale vous commande de joindre le verbe au régime et de dire:

> Quand, tâchant de comprendre et de juger,
> J'ouvris les yeux sur la nature et sur l'art.

Oui, la syntaxe le commande, mais la poétique actuelle vous le défend; vous n'avez pas le droit de lier par la diction *j'ouvris les yeux*, car alors la rime disparaît, et avec la rime, le rhythme. Il faut après le mot, *j'ouvris*, laisser un léger temps, plutôt senti que perçu, mais qui suffit pour mettre la rime sur son trône, et faire de *j'ouvris*, l'écho d'*appauvris*.

De même dans ces vers:

> La poésie était la monarchie: un mot
> Était un duc et pair, ou n'était qu'un grimaud.

Que vous commanderait l'ancienne prosodie? De mettre la césure au sixième pied.

---

[1]) Dass Legouvé die Cäsur so auffasst, geht aus verschiedenen Stellen seines Buches (vgl. S. 234 und 235) hervor, in dem man bei allen sonstigen Vorzügen Begriffsdefinitionen vermisst.

La poésie était.

Ce qui serait horrible. Que vous commande la loi nouvelle? De mettre la césure après la *poésie*, c'est-à-dire au quatrième pied. La syntaxe vous oblige à lier *un mot*, et *était un duc et pair*, et par conséquent de dire: *Un mot était un duc et pair*, ce qui détruit absolument le rhythme. La poétique actuelle vous ordonne de mettre *un mot* en vedette, comme s'il était en tête de phrase, et de façon à répondre à *grimaud*.

Prenez tous les vers de ce morceau, l'un après l'autre, et vous verrez qu'il faut leur appliquer à tous cette double règle: mettre la césure partout, et subordonner tout à la rime.

VI. Auf den Ausspruch Banville's, dass die Dichter des 17. Jahrhunderts gross waren trotz der Unvollkommenheit ihres Instrumentes, nämlich des klassischen Alexandriners, erwidert Legouvé, dass derselbe ein prachtvoller Vers sei, dessen Form Frankreich zwei Jahrhunderte lang bezaubert habe. Der Alexandriner Victor Hugo's sei allerdings ein neues und mächtiges Instrument, aber es sei auch für den Dichter wie für den Leser schwer zu handhaben. Wer Racine oder Corneille vorliest, stützt sich auf einen präzisen und regelmässigen Rhythmus, während der Dolmetscher Victor Hugo's sich oft seiner eigenen Eingebung überlassen muss.

VII. Eine für Poesie und Prosa gleich verbindliche wichtige Regel besteht nach Legouvé in der Hervorhebung des mot de valeur, d. h. desjenigen Wortes, in welchem der Sinn des Satzes gleichsam verdichtet ist (S. 9, 75—84). In den Versen Alfred de Vigny's

> Pleurer, gémir, prier, est également lâche!
> Fais énergiquement ta dure et lourde tâche
> Dans la voie où le sort a voulu t'appeler,
> Puis après, comme moi, souffre et meurs sans parler.

ist *sans parler* das mot de valeur, welches, dem Charakter des Stoikers entsprechend, nicht durch Tonhebung, sondern mit tieferer Stimmlage durch Tonsenkung bei schlichter Ausdrucksweise hervorzuheben ist. In dem Ratschlage, den in La Fontaine's Fabel „le Lion" der Fuchs dem Leoparden giebt:

> En vain nous appelons mille gens à notre aide.
> Plus ils sont, plus il coûte! Et je ne les tiens bons
>   Qu'à manger leur part de moutons!
> Apaisez le lion! seul il passe en puissance
> Ce monde d'alliés, vivant sur notre bien.

ist *apaisez* das mot de valeur, in welchem die Vorsicht, ja selbst eine Spur von etwas gewöhnlicher Anschauungsweise ausgedrückt ist.

VIII. In Folge von Legouvé's Bemühungen ist im Departement der Seine, dem mehrere andere Departements gefolgt sind, ein Kursus im Vorlesen für die Volksschullehrer eingerichtet und die Forderung des ausdrucksvollen Lesens in alle Lehrpläne der öffentlichen Schulen aufgenommen worden. Dieser Unterricht hat nach Legouvé, wenn er richtig erteilt wird, folgende Grundsätze im Auge zu behalten.

1) Um zu verhindern, dass bei dieser Unterrichtsart die Zöglinge, welche früher plärrten und leierten, nunmehr in den Fehler eines unangemessenen Pathos und theatralischer Manieren verfallen und aus Kindern schlechte Schauspieler werden, darf man zu dem Unterricht in der öffentlichen Deklamation (z. B. bei Gelegenheit von Schulfeierlichkeiten) erst nach einem methodischen Unterricht in der Kunst zu lesen schreiten.

2) Der Unterschied zwischen dem Zögling, der ein Pensum vorliest, und dem, der öffentlich deklamiert, ist folgender.

Der erstere hat nur seine Kameraden als Zuhörer und seinen Lehrer als Beurteiler. Sein Vortrag ist ernst und bescheiden, weil er nicht Beifall sucht, sondern nur richtig und korrekt lesen will; auch der Charakter der Stücke, die in diesem Falle fast stets einfach, wo nicht gar fachwissenschaftlich sein müssen, macht aus diesem Unterricht im Lesen einen Unterricht in der Schlichtheit und Wahrheit.

Dagegen befindet sich der Zögling als öffentlicher Deklamator in ganz anderen Verhältnissen. Während er als Leser sitzt, steht er als Deklamator; während er seine Augen sonst auf das Papier heftete, schweifen jetzt seine Blicke frei umher; während er sonst mit der einen Hand das Buch hielt und mit der anderen die Seiten umwendete, hat er jetzt beide Hände frei. Es liegt daher für ihn die Gefahr nahe, sich dem Schauspieler zu nähern, um so mehr als er wie dieser den Zweck des Beifalls verfolgt. Diese Gefahr wird aber beseitigt, wenn der Zögling, bevor es zur Deklamation schreitet, im Leseunterricht gelernt hat, nur auf die Stimme als Ausdrucksmittel zu zählen, und wenn man ihm als erste Deklamationsregel einschärft „keine Gebärden!"

3) Endlich müssen die Stücke, welche deklamiert werden, so gewählt werden, dass sie nicht über die geistige Tragweite des Zöglings hinausgehen.

IX. Über den Unterschied zwischen Schauspieler und Deklamator spricht sich Legouvé folgendermassen aus:

Der Deklamator darf dem Schauspieler nicht gleichen, weil der Schauspieler ein Mensch ist, der unter Aufgabe seiner eigenen Persönlichkeit in eine fremde Person hineintritt, die er sich bemüht zu verkörpern, während der Deklamator oder Vorleser nur ein Übersetzer, ein Dolmetscher für den Gedanken eines Schriftstellers ist, so dass mit ihm gleichsam der Schriftsteller auftritt. Fast ein Gefühl persönlicher Würde muss den Vorleser abhalten, dem Schauspieler zu gleichen, der aus dem Vortrag ein Handwerk macht, daher denn auch die grossen Schauspieler, wenn sie öffentlich vorlesen, ihre theatralischen Gewohnheiten in den Hintergrund stellen.

Soweit Legouvé in La lecture en action. Auffallend ist, dass Legouvé in dem Buche von Banville sehr anerkennend spricht und ihm offenbar entgegen kommt; er widmet ihm sogar ein ganzes Kapitel, in welchem er ein Gedicht Th. Gautier's, mit dem Banville eng befreundet war, analysiert. Trotzdem erklärte, wie ich mitgeteilt habe, Banville Legouvé's Art zu lesen als nicht richtig. Der Grund ist offenbar der: Legouvé interpunktiert den modernen Vers zwar nicht am Versschluss, aber doch im Innern bei der jedesmaligen syntaktischen Hauptcäsur, während Banville und ebenso Leconte de Lisle auch im Innern des Verses nicht interpunktieren.

Dritter Abschnitt.

Aus meinen bisherigen Mitteilungen und den mit ihnen verbundenen Erörterungen ergiebt sich für den Rest der in Sonnenburg's Schrift aufgestellten Regeln Folgendes.

Sonnenburg behauptet, dass es bezüglich der Aussprache Alexandriner von dreizehn, zwölf, elf und zehn Silben giebt; dies ist nur richtig, wenn man es auf den Gebrauch des Theaters und unter Umständen auf eine Konzession an das Genre beschränkt. Mit der Behauptung aber, dass der Wechsel der Silbenzahl in der Aussprache für den Alexandriner durchaus notwendig sei, da auf ihm zum grossen Teil der Wohlklang des Verses beruhe, dürfte er einzig dastehen. Er bleibt jeden Beweis für diese Aufstellung schuldig, denn sein Wahn, dass eine Deklamation, bei welcher jeder Vers zwölf Silben erhält, notwendig eine entsetzliche Monotonie erzeuge, ist doch kein Beweis, und selbst Lesaint,[1]) den er zitiert, sagt davon kein Wort.

Bisher nahmen urteilsfähige Leute immer an, dass, wenn dem Alexandriner seine feste Silbenanzahl genommen wird, er dadurch jedenfalls „prosaisiert" wird,[2]) und diesen Vorwurf macht man ja eben den Schauspielern. Den Wohlklang und den prachtvollen Rhythmus des Alexandriners auf seine Verstümmelung zu gründen, war Sonnenburg vorbehalten; diese Eigenschaften des Verses beruhen nicht auf der wechselnden Silbenzahl, sondern auf dem Wechsel seiner Betonungen neben der harmonischen Mischung voller und leichter Silben, sie verbleiben ihm daher zum grösseren Teile nicht auf Grund, sondern trotz der Vernichtung der festen Silbenanzahl. Wenn Sonnenburg dann zuletzt

---

[1]) Sonnenburg l. c., S. 19.
[2]) Vgl. Legouvé in der auf S. 5 zitierten Stelle.

mit der ihm eigentümlichen Sicherheit den Satz aufstellt[1]): „Aus dem vorhergehenden geht klar hervor, dass alle Verstheorien, welche auf der falschen Annahme beruhen, dass das stumme e da, wo es gezählt wird, auch gesprochen werde, gar keinen Sinn haben", so muss dieser Satz, um richtig gestellt zu werden, genau in sein Gegenteil verkehrt werden und daher lauten: „Alle Verstheorien, welche auf der Annahme beruhen, dass das stumme e da, wo es gezählt wird, nicht auch gesprochen werde, haben keinen Sinn." Denn der klassische Alexandriner war das poetische Instrument einer Zeit, in der selbst auf der Bühne das e in der Deklamation hörbar war, und der moderne Alexandriner wird, wie aus den von mir gemachten Mitteilungen hervorgeht, von den Dichtern auf die Aussprache des e muet ausdrücklich berechnet.

Damit sind Sonnenburg's Aufstellungen über das e muet sämtlich erörtert, abgesehen von seinen aus dem Théâtre-Français mitgeteilten Beispielen, auf die ich noch zurückkomme. Der Rest seiner Regeln besteht in Folgendem. Über den Reim sagt er (S. 22):

„Ganz besonders ist darauf zu achten, dass der Reim in der Aussprache nicht zu sehr hervortritt. Es darf am Ende des Verses durchaus keine Pause gemacht werden, ausgenommen wenn der Sinn es verlangt. Dies geht so weit, dass sogar unter Umständen die Liaison eintritt zwischen dem letzten Worte des einen Verses und dem ersten Worte des folgenden Verses." Für den romantischen Vers ist die Regel, wie aus den obigen Mitteilungen hervorgeht, direkt falsch und für den klassischen Vers ist sie die Hervorhebung einer Ausnahme; denn der klassische Alexandriner zeigt hinter dem Reim fast immer eine syntaktische Pause oder eine durch eine Inversion herbeigeführte starke Betonung!

Die Frage nach der Zulässigkeit der Liaison zwischen dem Schlusswort des einen und dem Anfangswort des folgenden Verses kann daher nur sehr selten auftreten, und wo sie auftritt, wird ihre Beantwortung nie mehr als eine Sache des Geschmacks sein können. Dass ferner die Cäsur die Liaison der Worte nicht hindert und dass auf die Bindung des r im Verse zu halten ist, ist durch die kleine Anleitung zur Aussprache des Französischen von Plœtz, ebenfalls mit Beispielen aus dem Théâtre-Français, so zur Genüge verbreitet, dass eine Aufstellung dieser Regeln als etwas besonders Mitteilenswertes nicht gerechtfertigt erscheint, wenn auch eine eingehende Sammlung von Beispielen hierfür in

---

[1]) Sonnenburg l. c., S. 20.

einem Lehrbuch oder einem Abriss der französischen Verslehre angebracht sein mag. Allerdings gäbe es auch hier noch interessante Fälle zu sammeln, wo man über die Bindung im Zweifel sein kann; z. B. bei dem Boileau'schen Verse:

Enfin Malherbe vint, et, le premier en France

wird die Bindung eine Frage der Interpunktion sein und daher vom Vorleser abhängen; in dem Verse Scapin S. 71:

Le parler | un peu fort, oui; mais l'esprit si fin!

wurde von Coquelin aîné das *r* ebenfalls nicht gebunden. Solche Fälle, welche meist die auf *r* endigenden Substantiva und Adjektiva angehen, zu sammeln, wäre nicht ohne Verdienst gewesen, während Beispiele für die Bindung der Infinitive auf *er*, wie sie Sonnenburg beibringt, längst anderweitig zur Genüge geboten sind und wissenschaftlich nichts Neues bieten.

Um sämtliche Regeln Sonnenburg's erwähnt zu haben, bemerke ich noch, dass er am Schluss seiner Schrift eine sorgfältige und deutliche Aussprache der französischen Endkonsonanten empfiehlt, wogegen sich nichts einwenden lässt.

Ich wende mich nun zur näheren Besprechung der von den Schauspielern des Théâtre-Français beim Vortrag von Versen auf der Bühne befolgten Praxis, soweit ich dieselbe aus meinen möglichst sorgfältig angestellten Beobachtungen, die sich auf die Stücke „Hamlet" und „Monsieur Scapin" beziehen, feststellen kann. Ich fand folgendes:

1. **Die bei vokalischem Auslaut der vorhergehenden Silbe mit einer einfachen Liquida anlautenden weiblichen Endungen wurden von den Schauspielern nicht mehr als besondere Silben für das Versmass erhalten, sondern verschwanden fast durchweg.** Da die Anzahl dieser Klasse von Endungen, wie sich durch Zählung leicht feststellen lässt, immer ein reichliches Drittel aller in einem Stück überhaupt vorkommenden weiblichen Endungen ausmacht, so muss sich ihr Ausfall in der Aussprache verhältnismässig bedeutend fühlbar machen. Das Verschwinden dieser Endungen wird vielleicht ausser durch ihren lautlichen Charakter auch dadurch begünstigt, dass viele Worte, in denen sie vorkommen, inhaltlich wenig bedeutend sind. Man denke z. B. an *une, comme, encore, elle, telle, quelle, madame*. Nur selten hatte ich Ausnahmen zu notieren, von denen ich einige der hauptsächlichsten folgen lasse:

Hamlet (Mounet-Sully):

23. O noires actions de mort, le sort moqueur.
24. Et pour porter, parmi les rires éhontes.
12. Tu rappelles un peu cette absente, la joie.

Polonius (Got):
46. Au fait, je m'en souviens, dans mes jeunes années.

Scapin (Coquelin ainé):
2. Nous sommes à Bologne, ayant **pignon sur rue**,
2. Hausse jusques à moi tes vulgaires esprits!
37. Parle moi d'argent sûr, belles et bonn(es) rentes.

Hier ist offenbar **die Bindung des *s* auf die** Hörbarkeit von Einfluss gewesen, da die **Schauspieler** in diesem Falle auch bei anderem konsonantischen **Anlaut das *e* der Endung** meist sprachen, z. B.:

Hamlet:
22. Oui! dussé-je sortir des mornes entretiens.

Scapin:
80. J'ai porté le harnois sur ces vastes épaules.
117. On a le bonnet vert, des frusques écarlates.,

konsequent waren **sie indess hierin nicht**, da zuweilen auch Verse vorkamen **wie**:

Hamlet:
24. A force de flambeau, de coup(e)s et de bruit.

Weiter:

Hamlet:
85. Avec quelque fureur que tonne mon discours,
91. Sa couronne de fleurs, pour y mettre un ulcère!

Scapin:
68. Tu vois bien que c'est toi qui lui **donnes le la**.
78. Donne-moi ton bonnet, ta cape.

Mehrfach **trat die Hörbarkeit des** *e* infolge einer Hervorhebung des Wortinhaltes **ein**. So wo die paar Blätter und Zweige revidiert werden, **die einen Garten** des Notars Barnabé vorstellen sollen:

Monsieur Scapin. Barnabé (Truffier):
44. Des capucines, tout au plus, pour la salade.

Suzette (die Blätter eines Strauches abzählend).
Si, quatre! **Une, deux, trois, quatre.**

Tristan (bei der feierlichen Herausforderung Scapins):
40. J'appelle sur le pré Scapin, le grand Scapin!

Hamlet:
15. Ne perde une des fleurs dont sa tête est parée.

Dann wieder ganz unmotiviert *une notairesse* neben *un(e)* **notairesse** in Monsieur Scapin:

Rafa:
94. Tiens! Je parle déjà comme une notairesse.

Rafa:
96. Je me contenterai d'être un(e) notairesse.

2. In den mit einer Muta vor Liquida anlautenden weiblichen Endungen wurde das *e* als ein mehr oder weniger starkes *e* sourd gesprochen. Also beispielsweise:

Hamlet:
23. D'enfermer entre nous la sombre confidence.

Le Spectre:
28. Où je dois retourner aux gouffres sulfureux.

Hamlet:
33. Doit accomplir était connu de l'autre main.
49. Cercle de noirs cachots, de caveaux ténébreux!
53. Souffle nord nord-ouest; mais, s'il vient du midi.
63. Et, l'énigme d'effroi troublant devoirs et tâches.
69. Garde aux troubles du cœur la dignité de l'art.
74.   Pauvre femme! tu pleures
83. On peut plus aisément m'apprendre que la flûte!
93. L'exécrable Caïn d'un Abel adorable!

Scapin:
2. Et Naples, dont j'ai trop connu les flots d'azur.
25.   Un couple qu'on estime!
36. Monsieur, ce n'est que moi. Tristan, l'humble Tristan.

Diese Aussprache, die auch namentlich bei den häufig vorkommenden Worten *notre*, *votre* zu beobachten war, wurde nur in seltenen Fällen von der Aussprache, bei welcher zwischen Muta und Liquida sich ein leiser *e*-Laut[1]) einschiebt, ersetzt. Ich führe hierfür folgende Beispiele an:

Hamlet:
26.   Qu'ai-je à per-d.r sur terre?
26. Ma vie? ah! je vous dis qu'une épin-g.l vaut mieux.
31. Mes mus-c.ls; tenez-moi debout et résistant!
86. J'ai dans mes mains le prix de ce meur-t.r terrible.
86. Cœur aux fi-b.rs d'acier, sois plus tendre et plus frêle.

Antoine (Monsieur Scapin):
53. Pressé. Passez toujours à ta-b.l; je vous suis.

Scapin:
93. Il ne vous reste plus qu'un on-c.l, maître d'armes.

---

[1]) (S. oben Anm. zu S. 15).

3. **Einzelheiten.** a) In den Verbalformen des in beiden Stücken öfter vorkommenden Zeitwortes *parler* wurde das *e* immer gesprochen.¹) Also:

Hamlet:
4. Regarde, Horatio! Parle-lui, toi, savant.
6. Parle-moi! Si tu sais quelque effrayant mystère.
63. Parle de mes péchés, nymphe, dans ta prière!

Scapin:
40. Eh! tu me parles là comme un consul romain.
66. Tu parles toute seule?

Suzette:
69. Maman, tu parles d'or.

Rafa:
94. Tiens! Je parle déjà comme une notairesse.

Dem entsprechend war auch in den Wörtern *perle* und *merle* das *e* deutlich hörbar.

Hamlet:
75. Semant de fleurs les prés, de perles semant l'onde.

Scapin:
81. Où la tulipe est bleue, où les merles sont blancs.

b) In der Endung *-ste* wurde das *e* in der grossen Mehrzahl der Fälle gesprochen:

Hamlet:
10. Si triste, si souffrant et si chargé d'ennuis?

Scapin:
93. Pauvre enfant! Triste sort! La fortune acharnée.

Hamlet:
18. Les restes refroidis du funèbre repas.

Scapin:
93. Il ne vous reste plus qu'un oncle, maître d'armes.

Hamlet:
66. A la cour, de ces dons il ne reste plus trace.

Hamlet:
69. Il ne faut pas non plus, de ton, geste rapace,

Scapin:
64. Voyons, dépêchons-nous! Ah! la peste soit d'eux.
4. Peste! Quel souvenir! L'argument est touchant.

---

¹) (Durch das Aussprechen des nachtonischen *e* wird in den folgenden Beispielen zumeist der Zusammenstoss von Konsonantengruppen vermieden, die das Französische auch im Inlaut nicht duldet: *rl'l; rl'm, rl'd, rl't; st's, st'pl, st'b*, Nas. Vokal $+ t' + m, p, d, t, l, c; sk' + v, d, t$ etc.).

80. J'ai porté le harnois sur ces vastes épaules.

Hamlet:
30. Elle que je croyais chaste parmi les femmes.
66. Ta chast' renommée éparpillée au vent.
119. Baste! Bon débarras!

Dem gegenüber war ein völliges Verstummen des *e* nur in sehr wenigen Fällen zu verzeichnen:

Hamlet:
43. M'avait appris déjà, du rest(e), cet amour.
69. Rest(e) maître de toi.
59. Il renverrait les bons trist(e)s dans leur clémence.

c) In der Endung *ante* bezw. *ente* war das *e* immer hörbar:

Hamlet:
5. Oui. C'est prodigieux! L'épouvante me glace.
6. Quel est donc le secret d'épouvante profonde.
25. T'a-t-elle rejeté, béante, parmi nous?
94. Mais vois ta mère, Hamlet, tremblante de remord.
94. C'est dans ces faibles cœurs qu'est puissante l'idée.
12. Tu rappelles un peu cette absente, la joie.
53. Mais mon oncle mon père et ma tante ma mère.
63. Par la crainte des maux incertains de la tombe!
63. Et l'ardente couleur, la résolution.

d) In der aus dem Monosyllabe *que* gebildeten Zusammensetzung war das *e* der Endung stets hörbar. Dies liess sich bei dem häufigen Vorkommen dieser Worte sehr leicht beobachten.

Hamlet:
86. *Lorsque* vos actions vous regardent en face.

Scapin:
87. *Puisque* depuis tantôt je vous suis pas à pas.
75. A dans *quelque* tripot fait quelque mauvais coup.
40. Je tâche à me hausser *jusques* à votre taille.

4. **Das *e* der weiblichen Endungen am Versschluss war durchgehends stumm.** Ausnahmen hiervon waren mit Sicherheit in jedem der beiden Stücke kaum 2—3 zu notieren.[1]

Hamlet:
17. Viens, le roi te demande. Et vous belle amoureuse.

Scapin:
56. Mes vapeurs! L'estomac! La tête qui me tourne!

5. **Oratorische Dehnungen oder Accentverschiebungen kamen nur in sehr geringer Zahl vor.** Der durch

---

[1]) (Da am Versschluss der Regel nach eine Pause eintritt, ist dort natürlich auch nicht der Zusammenstoss von nicht zusammen passenden Konsonanten durch Aussprache des *e* zu vermeiden).

die Tonsilben hervorgebrachte Rhythmus trat stark hervor, sobald der dramatische Vers einen lyrischen oder pathetischen Charakter annahm. Z. B.:

Hamlet:
13. Croyez-vous que l'aveugle errant dans sa nuit noire.
14. Doutez qu'en juin la nuit d'étoiles se parsème etc.
85. Scène V.

Ebenso stark machte er sich bei würdevoller Rede geltend, z. B. in den Reden des Königs und der Königin, sowie des Geistes von Hamlet's Vater; die betreffenden Verse wurden durchweg sehr langsam Silbe für Silbe abgemessen gesprochen. Die Schauspieler der zweiten Bühne, welche naturgemäss mehr deklamieren als spielen, sprachen auffallend viel *e* muets. Z. B.:

Hamlet:
76. Vos paroles sans doute ... pleurer.

Je mehr der Vers durch den Dialog zerrissen wurde, desto mehr zerfiel sein Rhythmus. Bei den philosophischen Monologen Hamlet's liess der Schauspieler zwischen Worten ein und desselben Verses oft viele Sekunden lange Pausen eintreten, die er durch stummes Spiel ausfüllte; solche Verse mussten natürlich ihren rhythmischen Eindruck einbüssen und die weiblichen Endungen vor diesen langen Pausen die gleiche Behandlung wie weibliche Endungen am Versschluss erleiden. Durch starke Enjambements wurde der Vers gleichfalls zerrissen.

Sonnenburg verzeichnet in seiner Schrift aus der Mérope und der Athalie eine Anzahl von Stellen, „wo das stumme *e* von den Schauspielern in der Weise gesprochen wurde, dass es deutlich hervortrat im Unterschiede von dem völlig stummen *e*." Unter diesen Stellen befinden sich auch folgende:

L'injustice triomphe: et ce peuple, à sa honte.
Mais je vois qu'on l'exige; et le sort irrité.
Rappelez votre force à ce dernier outrage.
J'aurais donné ma vie et pour vous et pour lui.
Le sang de vos rois crie, et n'est point écouté.,

die er als Beleg dafür anführt, dass, wenn ein besonderer Nachdruck auf ein Wort gelegt werden soll, unter Umständen ein stummes *e* sogar vor einem vokalisch anlautenden Worte gelegentlich gesprochen werden könne. Das zeigt drastisch, wohin man kommt, wenn man die Launen eines Künstlers als Leseregeln proklamiert. Der Nationalfranzose Charles Barrelet bemerkt hierzu in seiner sonst recht anerkennenden Besprechung der Sonnenburg'schen Schrift[1]): „Das scheint uns doch etwas gewagt;

---

[1]) (Zschr. f. neufranz. Sprache u. Litt., VII^2, 64).

gelegentlich mag wohl ein Schauspieler so gesprochen haben,
aber dadurch ist nicht einmal die Möglichkeit gegeben,
dass es so richtig ist." Diesem Urteile habe ich nichts hinzuzusetzen.[1])

Nach Abzug jener fünf merkwürdigen Verse bleiben in der
Sonnenburg'schen Sammlung 81 Verse übrig, welche 82 Stellen
aufzählen, an denen das *e* muet gesprochen wurde. An diese
Stellen knüpft Sonnenburg weiter keine Bemerkungen, obwohl
einige derselben recht nahe liegen.

Zunächst ist es sehr merkwürdig, dass von den 82
Stellen mehr als die Hälfte, nämlich 49, die Aussprache
des *e* am Versschluss verzeichnen, also gerade da, wo
weder die Dichter das *e* muet lesen noch die Schauspieler im Hamlet und in Monsieur Scapin es sprachen.
Von den von Sonnenburg angeführten Versen dieser Art lasse
ich nachstehende folgen:

> Messène, après quinze ans de guerres intestines.
> Lève un front moins timide, et sort de ses ruines.
> Mon cœur a vu toujours ce fils que je regrette.
> Ses périls nourrissaient ma tendresse inquiète.
> Je n'ai que trop parlé: Polyphonte en alarmes
> Craint déjà votre fils et redoute vos larmes.

Die Erklärung für diese Art von Deklamation dürfte darin
liegen, dass der klassische Vers einen mehr rednerischen Charakter trägt als der moderne und dass in ihm oratorische
Dehnungen viel häufiger sind als im modernen Verse; jene von
Sonnenburg beobachtete Aussprache des *e* am Versschluss dürfte
sich an eine Dehnung der vorhergehenden Tonsilbe des Reimes
anschliessen, bei welcher die Betonung stark in die Höhe zu
gehen pflegt. Es läge dann ein ähnlicher Fall vor, wie wenn
im Innern des Wortes eine oratorische Dehnung ein weibliches
Wort mit nur einer lautenden Silbe trifft. Wie dem auch sei,
auf jeden Fall ist diese Methode der Schauspieler als allgemeine
Deklamationsregel zurückzuweisen. Denn für Strophen ist nur
eins von beiden möglich, entweder das *e* der weiblichen Reime
immer zu sprechen oder es immer zu unterdrücken, da eine

---

[1]) (Die von Sonnenburg behauptete gelegentliche Aussprache
eines nachtonischen *e* selbst vor Vokalanlaut, in den angeführten Beispielen übrigens immer in Cäsur, wird von Kräuter, Zschr. f. neufrz.
Sprache u. Litt., III, 585, für analoge Fälle in noch weiterer Ausdehnung
bezeugt, ohne dass dadurch an Barrelet's Urteil etwas geändert würde.
Lubarsch ist nicht nur die eben zitierte Stelle Kräuter's, sondern bedauerlicher Weise auch die von diesem l. c. besprochene wertvolle
Arbeit Mende's über das stumme *e* entgangen. Sonnenburg kennt die
einschlägige Litteratur überhaupt nicht).

regellose Vermischung beider Arten zu lesen den Strophenbau offenbar vernichtet. Und was soll man dazu sagen, wenn bei dieser Methode sogar der Reim ohne jeden zwingenden Grund vernichtet oder doch mindestens stark geschädigt wird, wenn man Deklamationen wie *promesses*, *faibless(e)s* als Leseregeln festhalten will.

Von den nach Abzug der eben besprochenen Reime übrigen 33 Stellen, die Sonnenburg für die Aussprache des *e* mitteilt, kommen 12 auf die Aussprache des *e* in der Endung *ste* und zwar je vier auf die Wörter *triste* und *juste* und je eine auf die Wörter *auguste*, *atteste* und *reste* (Subst. und Verb.). Diese zwölf Stellen, denen gegenüber zwei bei Sonnenburg vorkommende Beispiele der entgegengesetzten Aussprache (*Égiste* und *les restes*) nicht sehr ins Gewicht fallen dürften, bestätigen also die von mir S. 44 mitgeteilten Beobachtungen.[1])

Von den 21 Stellen, die nach Abzug auch der Stellen mit der Endung *ste* verbleiben, beziehen sich weitere neun auf weibliche Endungen, deren konsonantischem Anlaut ein *r* als Auslaut der vorhergehenden Silbe vorangeht: 1) détourne, 2) apporte, 3) marque, 4) formes, 5) consterne, 6) portes, 7) usurpe, 8) sortent, 9) recherche.

Diese Beispiele scheinen darzuthun, dass derartige Endungen zu einer vollen Aussprache des *e* durch ihre lautliche Beschaffenheit hintreiben. Sie sind in Übereinstimmung mit der von mir S. 44 mitgeteilten Beobachtung über die Aussprache der Endung *-rle*; ich selber habe aber im Hamlet mit Ausnahme dieser Endung ein sicheres Vorwiegen der schauspielerischen Praxis nach der einen oder anderen Richtung hin nicht feststellen können. Somit ordnen sich die Sonnenburg'schen Beispiele sämtlich bis auf 12 in drei grosse Gruppen. Als Beitrag für die Feststellung der Praxis des Theaters wären dieselben dankbar hinzunehmen, wenn nicht Sonnenburg auch diese einzige positive Gabe seiner Schrift so darreichte, dass sie die allerunrichtigsten Vorstellungen erwecken muss. Nach seiner Darstellung muss es nämlich scheinen, als ob die von ihm mitgeteilten Verse nur dann richtig gelesen würden, wenn dies genau so geschähe, wie er es nach dem Vortrage des betreffenden Schauspielers verzeichnet. Nichts kann natürlich falscher sein als diese Vorstellung; denn selbst die Praxis der einzelnen Schauspieler weicht unter einander ab,

---

[1]) (Vgl. auch die Anm. zu S. 44. Es ist klar, dass auch bei den Sonnenburg'schen Beispielen dasselbe Widerstreben gegen im Wortinnern ungebräuchliche Konsonantengruppen die Erhaltung des *e* bewirken).

ganz abgesehen davon, dass schauspielerischer Vortrag kein Lesen ist. Und was nun geschmackvoller ist, gerade die Art, in der Sonnenburg's Schauspieler die Verse gelesen hat, oder eine andere, darüber lässt sich streiten. Ich wenigstens finde in Übereinstimmung mit Franzosen, die mir die betreffenden Verse vorgelesen haben, dass z. B.

    Conserve l'héritier de tes saint^{e}s promess(e)s

poetischer und sinnentsprechender klingt als die von Sonnenburg mitgeteilte Art. Es liegt gar kein Grund vor, dem Worte *conserve* den Nachdruck zu entziehen, und die Endungen der Worte *conserve* und *saintes* neigen so wie so lautlich zur Aussprache des *e*.

    Statt nach Sonnenburg zu lesen

        N'environn(e) le temple et n'en bris(e) les portes

liest man besser

        N'environn' le temple et n'en bris^e les port(e)s;

das lange offene *o* von *environne*, auf welches die Konsonanten *n* und *l* folgen, fordert die von mir notierte Leseweise geradezu heraus.

    Einen sehr dunklen Punkt in Sonnenburg's Beispielen bieten überhaupt die Silben, welche nach seiner Angabe verstummen. Man nehme bloss folgende Beispiele:

        Du sceptre de David ...
        ... ordres docile

ptrd und *rdrd* ohne Silbenbildung. Wie das der Schauspieler, ohne sich die Zunge zu zerbrechen, angefangen hat, ist schwer zu begreifen. Offenbar hat er *scept.r* und *ord.r*[1]) gesprochen, was dann Sonnenburg als gleichbedeutend mit einer Verstummung aufgefasst hat. Auch hier kann man sagen, dass die Aussprache *sceptr^e* und *ordr^e* mindestens so geschmackvoll ist als *scept.r* und *ord.r*. Sonnenburg hat eben nicht gewusst, welche Frage er an seinen Gegenstand zu stellen hat, und ist sich daher über die Verstummung der weiblichen Silben selber nicht klar geworden; das geht auch aus einer Stelle am Schlusse seiner Schrift hervor, wo er sagt, die Franzosen sprächen die Endkonsonanten so scharf und genau aus, „dass es häufig so klingt, als ob sie das *e* mitgesprochen hätten oder hätten mitsprechen wollen." Also es klingt doch häufig so. Kann man mehr für die Erhaltung der Silbenanzahl des Verses verlangen?

---

    [1]) *(scept* + stimmlosem *r*, ebenso *ord^r?* Sonnenburg hätte dann Recht; aber auch Lubarsch betrachtet mit Recht das stimmlose *r* in den angegebenen Fällen als silbenbildend).

Die Sonnenburg'sche Broschüre richtet übrigens nicht nur durch ihre falschen Aufstellungen Schaden an, sondern sie macht den Lehrer des Französischen in Deutschland völlig ratlos. Dies hat schon K. Foth richtig hervorgehoben, wenn er in seiner Kritik der Sonnenburg'schen Schrift sagt[1]): „Denn, „„da es von dem Willen und dem Geschmacke des Schauspielers abhängt, ob und wann er das stumme *e* als Silbe aussprechen will,"" da es „„im ganzen nur **selten** vorkommen darf,"" und „„**hauptsächlich** dann gesprochen wird, wenn dadurch eine Härte vermieden wird, die sonst in der Aussprache entstehen würde; **oder auch dann**, wenn ein besonderer Nachdruck auf ein Wort gelegt werden soll,"" so liegt es auf der Hand, dass der deutsche Lehrer des Französischen, da er weder Schauspieler noch geborener Franzose ist, in vielen Fällen selber nicht das Richtige treffen wird, sicherlich aber mit solchen unbestimmten Vorschriften in der Klasse nichts anfangen kann."

---

[1]) Zschr. f. neufrz. Sprache u. Litt., Bd. VII², 1885, S. 61.